U0021216

Josef Müller-Brockmann

Mein Leben: Spielerischer Ernst und
ernsthaftes Spiel

網格系統之父——

約瑟夫・穆勒－布洛克曼

我的人生

玩得認真，認真地玩

佐賀一郎＝日文版監譯・解析

葉　忠宜＝中文版設計・選書

城邦　臉譜出版

Josef Müller-Brockmann
Mein Leben: Spielerischer Ernst und ernsthaftes Spiel

Anlässlich der Ausstellung Josef Müller-Brockmann, Visuelle Kommunikation und
Konstruktive Gestaltung, ein Pionier der Plakatkunst in Rapperswil, September 1994.

Copyright © Lars Müller Publishers, Zürich (texts pp. 8–124) and Museum für Gestaltung Zürich (images)
Copyright © Josef Müller-Brockmann and Shizuko Müller-Yoshikawa
Bibliographical Introduction Copyright © Ichiro Saga

This Complex Chinese translation rights was translated from Japanese edition published in 2018 by BNN, Inc.
Complex Chinese translation rights arranged through AMANN CO., LTD.

No part of this publication may be reproduced, stored in a retrieval system or transmitted in
any form or by any means, electronic, mechanical, photocopying, recording or otherwise,
without the permission of the copyright holders.

日文版序

佐賀一郎 *

本書是約瑟夫・穆勒－布洛克曼自傳《我的人生：玩得認真，認真地玩》（ *Mein Leben: Spielerischer Ernst und erns-thaftes Spiel* ）的日文版[1]，德文原版由拉爾斯・穆勒出版社（Lars Müller）於 1994 年 9 月出版，紀念在瑞士蘇黎世州的湖畔城市、同時也是穆勒－布洛克曼的故鄉拉珀斯維爾（Rapperswil）舉辦的展覽「約瑟夫・穆勒－布洛克曼：視覺傳達與結構式設計海報藝術的先鋒」。

在日文版中，我們在第一部〈自傳〉中盡量保存了自傳原有的內容，接著新增了第二部〈作品〉，介紹穆勒－布洛克曼設計的四十九張海報，以及〈解說〉與〈資料〉兩部。之所以採取如此架構，是因為今天的局勢與出版當時已經大不相同，需要補充資料，才能適合新一代的讀者。

瑞士派的平面設計在第二次世界大戰後引領潮流，而約瑟夫・穆勒－布洛克曼正是瑞士派的象徵之一。要探討他的歷史定位與功績，必須一併考量戰前、戰時、戰後各階段的文化、經濟、社會所發生的劇烈變化。另外，同時也是他的著作名稱的「網格系統」（grid system），如今跨出了印刷媒體的範疇，被廣泛運用在各領域，因此我們認為對網格系統出現當時的緣由與背景進行考察，並且探討吉川靜子（穆勒之妻）、日本與穆勒－布洛克曼之間的關係，也有其意義。

然而，穆勒－布洛克曼的自傳內容絕不過時，不僅如此，詞彙還變得更寬廣、深邃、清透，直擊我們的心靈。本書就是希望讀者能理解這點，因而補充了這些解說，若讀者能明白這點便是我的榮幸。

---

* 佐賀一郎，多摩美術大學平面設計系準教授、設計史學家、平面設計師。
於日本女子美術大學研究所森啓研究室取得美術博士學位。

1 中文版編按：繁體中文版翻譯製作自日本 BNN 新社於 2018 年出版的日文版《遊びある真剣、真剣な遊び、私の人生 解題：美学としてのグリッドシステム》。

原版序

拉爾斯・穆勒（Lars Müller）*

這本自傳回顧了約瑟夫・穆勒－布洛克曼悠久且充實的人生，並描述他是如何在 1950 至 1960 年代間，成為了眾所周知的重要設計師。要說他的故事有何特色，就是他從住在故鄉拉珀斯維爾的年輕時代起，一直到晚年都重視一貫的倫理與社會價值。讀者如果看見他身為設計師、教師以及藝術的引介者，創造出許多感動人心的成就，必定能密切理解約瑟夫・穆勒－布洛克曼的人格——也就是不願妥協但童心未泯、認真的人生觀。

從約瑟夫・穆勒－布洛克曼在講述時所展現出的冷靜與沈著，以及客觀而具批判性的態度中，能感覺到某種美德。或許這是否真的算是美德還有待商榷，但他對於自己提出的原則，以及對支持他的人們所表現出的純粹與誠實，對我們無非是種鼓勵。

---

* 拉爾斯・穆勒（Lars Müller，1995–），以瑞士蘇黎世為據點、活躍於國際舞台上的出版商兼平面設計師。1995 年生於挪威奧斯陸，1963 年遷居至瑞士，1982 年成立拉爾斯・穆勒出版社開始出版活動，至今出版過六百本以上的設計、建築、攝影、藝術相關書籍。他精力十足的活動，展現了新型態的獨立出版社與平面設計師的樣貌。他在瑞士各地的大學、美國哈佛大學等世界各國教育機構裡皆曾任教，並自 1991 年起擔任瑞士設計大獎（Design Preis Schweiz）創辦成員兼審查委員，2013 至 2015 年擔任國際平面設計聯盟（Alliance Graphique Internationale，AGI）會長，致力於振興設計風氣。

凡例

本章翻譯自約瑟夫・穆勒－布洛克曼的自傳《我的人生：玩得
認真，認真地玩》（*Mein Leben: Spielerischer Ernst und erns-
thaftes Spiel*），翻譯上盡可能保持原文的意思，但為了釐清文
義補充了部分資料，同時也修正了原文中明顯的錯誤。

文中之括弧類符號，用途區分如下：

　「」表示引用或強調名詞、字句

　《》表示書名、雜誌名與藝術作品名

　［］表示參考資訊、解說者註釋或括弧內的括弧

本文中若有提及外文文獻，原則上會統一將書名譯為中文，並
以括弧標示原文，但若是已經廣為流傳之文獻，則僅標示中文
書名。

青年時代

1914 年，我生於蘇黎世湖畔的拉珀斯維爾（Rapperswil），在家裡八個小孩之中排倒數第二。父親克里斯坦（Christian）是通過高級考試的建築師，繼承祖父事業，祖父則是從奧地利搬來的。父親出生在瑞士，但尚未獲得瑞士國籍，就以奧地利軍身分參加戰爭，1915 年在前線受傷，沒有獲得妥善治療而去世了。

於是我的母親伊妲‧穆勒－蘇姆奇（Ida Müller-Schmuki）才三十二歲就不幸當了寡婦。而對我們這些孩子來說，幸好母親是個品行高尚、聰明伶俐的教育家，母親的品德與人性，培育了我們的道德觀，這樣的道德觀指引了我一輩子。母親獨力撫養八個小孩，並獨自打理家務，境遇堪憐，但我從未見過母親抱怨或煩躁，她總是很珍惜與我們相處的時光。

和諧的青年時期可以培育人格。我在拉珀斯維爾度過了一段歡欣雀躍的日子，如今依然歷歷在目。最讓我心動的是

母親與八個孩子
第一排為克里斯坦（Christian）、母親、約瑟夫
第二排為梅拉妮（Melanie）、伊妲（Ida）
第三排為鮑爾（Paul）、赫曼（Hermann）
第四排為卡爾（Karl）、艾德文（Edwin）

後來梅拉妮與伊妲成為家庭主婦，克里斯坦成為建築學家，鮑爾成為建築師，赫曼成為雨傘工廠老闆，卡爾成為商人，艾德文成為點心師傅。

我在拉珀斯維爾
的老家

兒童用的拼圖
「邊想邊讀」

湖泊，我從小就擅長游泳，跳進湖裡簡直如魚得水。湖裡的浪愈大，我就愈激動。有時我會趁著風雨中跑到湖邊，乘著朋友的小船出航，享受驚滔駭浪的湖面之旅。

我跟友人法蘭茲・休維格（Franz Schubiger）度過的日子也很難忘。法蘭茲喜歡在小房間裡站上椅子，像講台上的牧師般朗誦克里斯坦・摩根史騰[2]或約希姆・林格納[3]的詩。他比我們家的孩子大好多歲，那嗓音總讓我們入迷。法蘭茲日後成為了知名的「休維老爹」（Papa Schubi），發明了具有高度教育價值的兒童玩具。我在 1951 年加入瑞士工藝聯盟的「好的形式」（Die Gute Form）運動[4]，並為他做了「邊想邊讀」這款拼圖。

20 年代初，我們家搬到舒美麗康（Schmerikon）的 Adler 飯店，因為祖母就住在舒美麗康。在這裡常常能夠看到巡迴的工匠，像是鐵匠、磨刀匠，有時還有遇到帶著會跳舞的熊的劇團，以及搭馬車載著小孩的吉普賽家庭，真是五花八門。

幾年後，我們家搬到了烏茲拿赫（Uznach），因為媽媽繼承了這個鎮上的雜貨店。我在這個鎮讀小學，雖然我不喜歡當時的「教育方式」── 我似乎還能聽見老師甩著咻咻響的藤條，輪流打在我雙手手背上，那憤怒的眼神至

---

[2] 克里斯坦・摩根史騰（Christian Morgenstern，1871–1914），德國作家、詩人。（本章註釋皆為中文版編按。）

[3] 約希姆・林格納（Joachim Ringelnatz，1883-1934），

德國作家、畫家。

[4] 此運動主要由設計師馬克斯・比爾（Max Bill）提出與領導，最初是在瑞士巴塞爾樣品博覽會（Schweizer Mustermesse Basel）期間與瑞士工藝聯盟合作，精心設計、生

產具有瑞士特色的產品和概念，旨在推廣瑞士設計的特質，如精密、生產良好、永續和中性。

蘇黎世湖畔的城鎮
拉珀斯維爾，
創建於 1229 年，
有建於十四世紀的城堡，
以及十五世紀的教堂。

今仍歷歷在目。但是烏茲拿赫也帶給我歡樂，那裡有我
能想像最長、最美麗的雪橇滑雪道，還有游起來無比暢
快、湍急的林茲河，可以放風箏的大草原與大農田，還
有山丘上的城堡，以及山坡上美麗又古老的小村莊。

十二歲的時候，我們家又搬回拉珀斯維爾，我升上了七
年級。

這時候碰巧發生一件事，影響了我的未來。我原本在學
校寫作文都很不情願，後來甚至開始在作文裡畫插畫，
卻竟然被老師稱讚了。後來我畫得愈來愈多，文章寫得
愈來愈短，老師並沒有責怪我，反而發掘出我的藝術家
天分。1930 年，我從學校畢業之後，進入當地印刷廠的
加工部門，成為製作攝影凸版的學徒——這是因為老師
的建議，說我適合這項工作。我在印刷廠學會了攝影和
修版技術，但我覺得自己完全不適合這一行。

我和克里斯坦圍在
媽媽身邊

十六歲時的自畫像

只在印刷廠做了一星期就辭職的我，轉行加入兩名建築師開在蘇黎世的事務所，但是我「藝術面」的慾望在這裡也沒有獲得滿足。我對自己的能力一無所知，支撐著我的「抱負」的，只有老師的話。

修練時代

我辭去了建築事務所的工作，一個月後總算在畫家兼平面設計師艾力克斯・華特・迪格曼（Alex Walter Diggelmann）手下找到學徒的缺。迪格曼曾經在聖莫里茲（St. Moritz）、茵特拉肯（Interlaken）、阿爾特多夫（Altdorf）等地替威廉・泰爾[5]戲劇的演出做過幾張海報，因此出名。我加入的時候，他的小工作室裡面只有位年長的平面設計師在工作，一年後又多了另一個學徒和第二個平面設計師。這間工作室很小，所以迪格曼在做海報或傳單的時候，我們這些學徒就要讓出自己的作業空間。第二位平面設計師，就是後來成為知名攝影師的耶米爾・修特茲（Emil Schulthess），我從他身上學到當時平面設計中的文字排印（typography）的內涵與造形概念。

拉珀斯維爾的
湖畔街（Seestraße）
十五歲時的水彩畫

14

十八歲時的素描

又過了兩年，我還是沒有滿足——迪格曼很少待在工作室裡，也幾乎沒時間陪我們——所以修特茲先離開，接著我們兩個學徒也離開了。我成了個沒有結業的學徒，也沒有像樣的知識，卻又沒有勇氣找其他師傅學藝，成了個十八歲的無業遊民。最後只剩一條路，就是在蘇黎世當個自由接案的「平面設計師」（graphic designer）。

蘇黎世應用美術學校

1932 年時，蘇黎世應用美術學校的專業平面設計課程有恩斯特・柯勒（Ernst Keller）擔任講師，專業攝影課則有埃弗瑞德・威利曼（Alfred Willimann）。我心想或許能旁聽這兩位大人物的課程來學點東西，但卻不夠條件進教室旁聽。

我沒有修完應用美術學校的基礎課程，也沒通過嚴格的入學考試，甚至拿不出學徒的結業證書。在這樣完全沒希望的狀況下，我還是想盡辦法要入學。

於是我直接找校長申請，我跟校長討論許久，他說他不能破壞校規，打算以此勸退我。那時我知道了，我最需要的是堅強的意志力，強到校長沒辦法質疑我，強到任何理論都壓不倒我。於是我想到一個妙招，就是請兩位教授來判斷我是否可以入學。

恩斯特・柯勒的反應跟校長差不多，他讓我看了座無虛席

5　威廉・泰爾（Wilhelm Tell），生於十四世紀初期，瑞士歷史上的知名英雄，而後於十八、十九世紀　　被當作反抗貴族強權的象徵，有許多藝術作品以他為題創作。

的課堂，表示連一個空位都挪不出來，根本無法多塞一個人。我立刻回答他，沒位子根本不影響我在他底下學習的決心，我已經找到了自己的位子——就在掛衣架底下。我直接走到掛衣架邊，擺起自己的桌椅。這一刻，我堅定不移的意志力獲勝了。

我跟埃弗瑞德・威利曼討論的時間就很短，這位親切又偉大的人馬上就接受了我。後來的一年間，我每星期只上半天課——因為我沒有錢上更多課——成為了兩位大師底下的學生。

柯勒與威利曼兩個人可以說是互為對比，柯勒在平面設計的藝術性表現領域裡是位大人物，設計上會盡可能避免使用任何的活字字體或攝影圖像，最擅長的手法是將單純化、模式化的平面插圖大大地安排在版面上。柯勒的教課相當嚴格，也非常公平，在指謫學生作品缺點的時候，會說得簡單卻又充滿內涵，再讓學生自行修改作品。我在他底下學會了如何掌握造形（form）的技術，不斷重複素描同一個主題，讓我們觀察事物的眼光更加敏銳精準。柯勒將對主題（motif）的描繪程度盡可能減到最少，藉此將效果發揮到最大。他將對抽象化、單純化等形式的感受力、自由揮灑的文字造形，以及文字比例細微之處的感受力完整傳授給了我們。

柯勒對自身作品採取的批判性態度，讓我們這些學生都相當佩服。我在他底下學習的時候，他正在修改一幅替「馬與人」展覽所設計的海報。這張海報已經從街上消失多年，他還是想把海報改得更加有張力，竟然只為此就畫了快半年的素描。他也曾經為了修改蘇黎世市的市徽，就花了差不多一樣長的時間。如今我依然認為，他的作品的造

蘇黎世應用美術學校的
雕塑課

形能量實在美妙。

相對於柯勒深受傳統應用美術的影響，威利曼則比較接近包浩斯（Bauhaus）的美學教育。我從威利曼那裡學到攝影與文字排印，他重視排版與攝影表現的功能性，受到一群鑽研即物攝影表現的先驅們的影響，不斷追求更嶄新表現的可能性。

他和學生的相處很有人情味，待人誠懇，讓我佩服不已。如果有學生作業進行得不順利，威利曼不僅會幫學生打草圖，還會把自己的素描給學生看。

當時我對自己的作品沒有信心，又追不上威利曼的造形能力，所以通常都是他對我的作品提出改善方案。我印象最深刻的，是我要做一款張貼在拉珀斯維爾的公演海報，他幫了我好大的忙。他不僅跟我一起構思作品，連海報上用來表現夜晚的亞麻油布（linoleum）雕刻作業，也是他接去做的。用亞麻油布來做凸版印刷，是當時最便宜的印刷

左／
恩斯特・柯勒的海報
（1956 年）
右／
埃弗瑞德・威利曼的海報
（1932 年）

方式，但非常耗工。當他在雕刻亞麻油布的時候，我就忙著寫海報字。他做這些工作都不收錢，只要開始關切學生，就會把學生的問題當成自己的問題。當時，威利曼正因為蘇黎世應用美術館「光」展覽的海報而聞名。

兩位老師給了我很大的影響，對剛畢業的我來說，他們兩人所表現出的思想位於光譜的兩端，實在無法明確選擇其一，畢竟兩人的個性都太過鮮明，而我又太不成熟。但另一方面，我確實透過他們的課程，獲得了更大的信心與判斷力。

當時，我對自己的將來完全沒有想法，只知道自己的職業生涯會受到自己的精力、自我批判、自律、學習意志所影響。所以我下定決心，要找到往後人生方向的指標。我的決定就是，三十歲之前要尋找自己在造形方面的天賦，所以從實際的素描到超現實的繪畫，盡量去廣泛接觸各種表現手法。到了三十歲至三十五歲之間，要盡全力找出自己該走的路。而在四十歲之前，要盡全力去開拓、挖掘自己所選的路。我研究了眾多的設計師、建築師、畫家、雕刻家、攝影師、作曲家等案例後，深信人在四十歲之後，創作能力就不會再成長了。

這時，我決定了在往後人生路上一以貫之的基礎方針：
(1) 保持孤獨。終究，一切都攸關於自己的精力、思考力與自我批判。
(2) 充實學養。要對自己所生活的世界、社會與建築，以及不斷誕生的各種新穎藝術、戲劇、音樂、科學、研究抱持興趣。原則上，對自己未知的一切抱持興趣。
(3) 要用心以批判的態度審視周遭環境，嘗試將自己不喜歡的一切，替換為更好的發展。

⑷ 關注二十世紀。留意這個世紀在藝術、社會、科學等
領域所創造出的東西，並且對可資模範的先人們創造
的有價值事物有所認識，加以尊重。

⑸ 接受職業與人際關係上的失望，探索其中原因。保持
客觀的自我批判態度，自我批判在好事與壞事上都是
自己最好的朋友。

⑹ 自己作品所獲得的讚美與成果，都要經過客觀審視，
冷靜驗證是否正當。將自己的成果與可資模範之人的
成就比較來做衡量。

⑺ 正面接受他人所有的批判，這樣才能發現以前不懂的
錯誤。無憑無據的批判也有好處，因為能夠理解他人
的思考模式。

這些決心是我的人生指南，我至今依然堅守不移。我總是
將威利曼與柯勒這兩位如此相異的老師放在心中，一邊盡
力去尋找眼前問題的解決方案。最後，是威利曼的思維漸
漸占了上風。當時我完全沒有穩定的工作，幸好我和母親
同住，才勉強能夠過活。

為了確保能夠騰出時間來持續進修，我告別了所有過去熱
愛的體育活動。按照所訂立的「磨練自我」方針，開始於
晚上修習蘇黎世的瑞士工業大學課程和市民大學課程，而
且盡可能地增加能夠修習的領域，一到周末就去戶外或繪
畫教室，畫些素描或圖畫。大學課程可以增加我的學養，
研究大自然則能幫助我提昇對形狀與顏色的感受性。

薛比耶（Cherbuliez）教授的音樂課與音樂練習、梅迪克
斯（Medicus）教授的《純粹理性批判》閱讀理解課程，以
及波勒（Böhler）教授的經濟學課程等，許多教師如今依
舊留在我腦海中。我曾和波勒教授討論過一本書的企畫

習作

案，旨在描述廣告對語言、形狀與顏色所造成的不良影響。可惜在推動這項企畫之前，波勒教授就過世了。

在瑞士工業大學（蘇黎世聯邦理工學院）裡有一位物理學教授，名叫保羅・謝勒（Paul Scherrer），他有著吸引聽眾的天賦，不僅曾經使用 X 光分析結晶構造，功績卓越，而且還是日內瓦 CERN（歐洲核子研究組織）實質上的創辦人之一。他上課的時候，總是在大講桌上擺出各式各樣的裝置，講得簡單明瞭，同時使用裝置迅速進行物理實驗，還邊做實驗邊寫黑板，解釋這些實驗的根據。

我跟著卡爾・古斯塔夫・榮格[6]教授學習心理學、原型論、解夢等等，一共上了四年。榮格教授上課沒有講義，但是講得活靈活現，吸引許多聽眾前往大學聽課。在修習榮格教授課程的期間，我迷上了麥斯・普爾（Max Pulver）與路德維希・克拉格斯（Ludwig Klages）的筆跡學，所以我也很擅長解讀筆跡。朋友們不分男女都讓我測過筆跡，我測的結果有人接受，有人否定。

我確實鍛鍊出靈敏的感覺，可以察覺談話對象的心理狀況與思考內容，並直覺理解對方，但這強大的能力逐漸令我厭煩。比方說我要把設計樣本拿給客戶看的時候，他們還沒表達意見，我就知道他們會拒絕或接受了。後來我不再去上榮格教授的課，也不再分析筆跡了。

為愛馬仕打字機
製作的耶誕節櫥窗設計
（1951 年以前）

愛馬仕打字機的廣告
（1951 年以前）

詹普教授（Zemp）、彼得・麥爾（Peter Meier）教授、李恩斯・比爾哈（Linus Bircher）教授，我上過他們的美術史與建築史課程；卡爾・邁爾（Karl Meyer）教授以豐富的智慧與學生討論最新的世界政治，令我記憶猶新；赫曼・薛亨（Hermann Scherchen）的無調性音樂課，每個細節都還烙印在我的腦海裡。至於博物學，也讓我很著迷。

我能夠在黎明時分聽森林裡的鳥鳴，就分出鳥的種類，而在蘇黎世湖上划小船檢測水質，讓我學會植物相與動物相的豐饒。

戲劇、歌劇、音樂也都讓我著迷不已，當時的劇場、歌劇院和音樂廳允許畫家免費入場幫大排演或總排演畫素描，

6　卡爾・古斯塔夫・榮格（Carl Gustav Jung，1875–1961），瑞士知名精神病學家、心理學家，分析心理學的創建者，與佛洛伊德、阿德勒並稱現代深層心理學的三大先驅。

所以我幾乎欣賞了所有的作品。

戶外寫生

另外一個讓我充滿熱情的就是書本，我手上只要一有錢，就幾乎都拿去買書了。如今我還是會想起自己以前在昏暗的舊書店地下室，物色著喜歡的舊書。我曾在舊書店找到四本包浩斯叢書，也只花了三法郎就買到杜斯妥也夫斯基全集。當時挖到最好的寶，應該就是馬克斯·恩斯特[7]的《慈善週》(Une semaine bonté) 半裝訂本，而且還收在化妝箱裡，這本拼貼畫小說實在是太天才了，如今看來依舊既新鮮又無與倫比。

沒有工作的時候，我就專心研究字體。我花了好幾個星期在臨摹字體樣本，直到我可以在半空中寫出古老的活字字體為止。此外，我缺乏人體的解剖學知識和透視法知識，所以去讀了蘇黎世應用美術學校的課程來補足。我在蘇黎世工業大學，則是學到了攝影的理論與技術。

我年輕的時候，求知慾真是名符其實的無底洞。為了獲得

蘇黎世的舊街區加修

蘇黎世劇場的
排演草圖

文學知識，我做了一份歐洲重要作家的名單，連續好幾天在裴斯泰洛齊圖書館（Pestalozzi-Bibliothek）泡到半夜，看些杜斯妥也夫斯基、托爾斯泰、馬克西姆·高爾基，還有許多知名小說家的作品。沒過多久，我就成了晚睡晚起的夜貓子。

我對學養的強烈欲求，幾乎可以用「飢渴」來形容，同時我也被這樣的欲求所煽動著，讀書讀得又急又快。這種光看文章邏輯的形式上的讀法，對文學作品所帶有的藝術性只能停留在直覺的認知。即使如此，讀書還是不斷帶給我新的刺激。而這樣的刺激，會激發我去追求、去遇見更新的藝術與自然科學。如今我對藝術面與精神面的創造，依然不減關切。

7　馬克斯·恩斯特（Max Ernst，1891-1976），德國畫家、雕塑家、圖像藝術家及詩人，是二十世紀達達運動與超現實主義運動的領銜者之一。

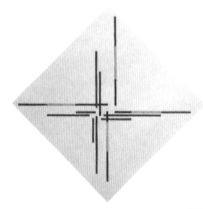

結構性的繪畫

仿畫舊書的封面

實驗性的攝影嘗試

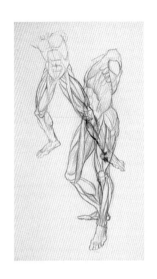

左／
解剖學課程的素描
右／
透視法課程的素描

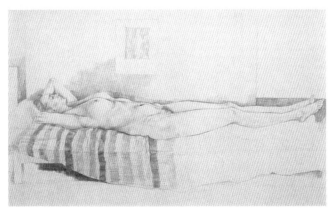

裸女素描

以各種技法描繪的四幅自畫像

第一張海報

「蘇黎世湖畔的拉珀斯維爾」

玫瑰照片由維爾納・畢修普（Werner Bischof）拍攝（1934 年）

第一個客戶

某天我在街上散步找工作的時候，突然看見一份徵求平面設計師的廣告，當時我也正巧帶著一本自己的作品集，於是我的一雙腿就走向了自己的第一個客戶。這位顧客是蘇黎世一家「毛瑟種子行」的老闆耶米爾・毛瑟（Emil Mauser），他要找個櫥窗設計師。毛瑟先生是有學養又關注藝術的實業家，常常支援處境不好的藝術家，他立刻對我非常友善。當時萌芽的這段親切友情，直到他英年早逝那天才畫下句點。

1939 年，在納粹德國的琉森，舉辦了一場「頹廢藝術」展覽會，我有了機會陪毛瑟一起去買作品。當時的我對美術史還沒有深刻理解，所以只能靠直覺判斷該買什麼作品。但如今回顧起來，我敢肯定，我給過他的建議沒有任何一次出錯。

我替毛瑟設計的櫥窗，慢慢受到顧客矚目，某天，阿洛伊斯・加里吉[8]給了我一份鼓勵。我一直很佩服加里吉獨特的海報設計與裝飾品味，某次我正在替蘇黎世瓦斯公司設計一份約長三十公尺的裝飾，加里吉在旁邊看到了，就對公司的銷售主任說：「這個年輕人遲早會成為能幹的平面設計師喔。」加里吉當時就站在離我幾公尺遠的地方，但我故意不回頭去看他，即使如此，我尊敬的人物所說的這句話，還是鼓舞了我很長一段時間。

---

8 阿洛伊斯・加里吉
（Alois Carigiet，1902-1985），
瑞士國寶級畫家，曾獲 1950 年與
1953 年的紐約時報十大童書獎、
1966 年瑞士青年讀物獎以及等同

繪本插畫界諾貝爾獎的安徒生插畫大獎。

9 赫曼・赫塞（Hermann Hesse，1877-1962），德國作家、

詩人，1946 年諾貝爾文學獎得主，著有《流浪者之歌》、《德米安：徬徨少年時》等。

我替蘇黎世毛瑟種子行
所畫的圖

自己的工作室

二十歲的時候，我在蘇黎世市內的一座舊工廠裡，租了兩個房間當住家與工作室。我的工作室左右兩邊，分別住著兩個畫家、一個攝影師、兩個室內設計師，以及一個女雕刻家，我們彼此互相尊敬，建立起相親相愛的關係。再過去的房間，住著小說家赫曼·赫塞[9]的兒子海納·赫塞（Heiner Hesse）。第二次世界大戰期間，海納偷偷收容跨國德國難民，並且藏匿到他們逃走為止。他勇敢無私的態度，以及受迫害難民的命運，深深烙印在我的心中。

繪於第一座工作室

瑞士平面設計師協會（VSG）

在我搬進工作室的幾年之後，就成為了瑞士平面設計師協會（VSG）的會員。那年我二十三歲，是當時最年輕的會員。這件事情之所以讓我印象深刻，是因為入會審查委員有馬克斯·比爾（Max Bill）等人，他們清晰又客觀的造形理論，受到各界的敬重。

細數 1930 年代的瑞士平面設計大師們，幾乎都是 VSG 會員，如恩斯特·柯勒、皮耶·高查特（Pierre Gauchat）、漢斯·諾伊堡（Hans Neuburg）、理查·保羅·洛斯（Richard Paul Lohse）、海利·史坦拿（Heiri Steiner）、羅伯特·S·蓋斯納（Robert S. Gessner）、荷姆特·克魯茲（Helmuth Kurz）等人，能夠跟他們平起平坐，讓我們這些年輕人與有榮焉。第一次世界大戰後的這個時代，形成了特有的樂觀主義與理想主義。

日後，我當了幾年的 VSG 事務長，1957 年升任副會長，1959 年升任會長。在升上會長的同時，我起草了一份綱領，記載會員應該積極參與的二十五條事項，但這項提案完全不受矚目。翌年，我就辭去了會長的位子。

1937 年巴黎世界博覽會

1937 年的巴黎世界博覽會，讓我見到地球上有許多民族，以及五花八門的文化。各國的展覽館反映出自己的政治、經濟與文化現狀。俄羅斯與德國的展覽館帶有野蠻的厚重感與強大活力，看得不舒服，但確實很醒目，而展覽館內部更是堆滿了軍事與工業的展覽項目，好像在宣示自己的強大。這些宣示，看起來就像建築的外觀一樣拙劣幼稚。

另一方面，瑞士的展覽館真是太棒了。館內有大幅照片與說明文字，客觀地表達政治、經濟、產業、文化、觀光等各種資訊。不過從造形觀點來看，各部門的設計都不協調，看來各部門的設計師都想盡力把自己的成果做得很有特色，但成果並不理想。在當時，大家還沒有將字體、牆面裝飾、文字等元素與圖像以網格統一處理的概念。

這場博覽會最讓我難忘的，就是畢卡索替西班牙展覽館所繪的《格爾尼卡》（Guernica），以西班牙內戰為主題的這幅畫大大震撼了我，在我心中留下深刻的印象。

1939 年瑞士博覽會

巴黎世界博覽會過了一年之後，蘇黎世舉辦了 1939 年瑞士博覽會，可說是盛況空前。我對負責「大學」展區的建築師約翰・亞伯特・弗萊特克（Johann Albert Freytag，代表 BSA 瑞士建築師聯盟）表示，自己想以平面設計師身分參加，想不到他竟然委託我設計特別展覽館「瑞士的大學」中的「瑞士美術史」展區，以及蘇黎世聯邦理工大學的「物理與醫學」展區。因而我新聘了十二名員工，但是缺乏足夠的工作容納空間，只好在走廊上做事。我哥哥鮑爾是位建築師，發揮了他天生的組織能力為我解決了這個難題。但是從平面設計的觀點來看，我的工作並沒有甚麼值得一提的貢獻。尤其在與其他工作夥伴的設計作品相比

較後，讓我感到莫名憂鬱。

這場博覽會中讓我印象最深刻的地方，就是漢斯・爾尼[10]的巨大壁畫《瑞士國民休憩地》（Schweiz, das Ferienland der Völker），當時爾尼還尚未出名，並在巴黎當過費南・雷捷[11]的學徒。這幅壁畫不僅完美表現出民俗學、歷史、商業、科學等主題，更對每個主題賦予了強而有力的形狀與顏色。

另一項傑作是一座混凝土大廳，出自格拉納（Glarner）出身的建築師漢斯・羅欽格（Hans Leuzinger）。這座大廳是漢斯與天才技師兼橋梁設計師羅貝特・馬亞爾（Robert Maillart）共同製作而成，為的是宣傳波蘭的混凝土工業。由六公分薄的混凝土牆打造出線條滑順的巨大圓錐結構體，展現出優雅與輕巧，簡直就是奇蹟，我根本不可能看透其中的祕密。

1939 年瑞士博覽會的工作讓我賺到三千瑞士法郎，當時費南・雷捷和阿米迪耶・奧桑方[12]都在巴黎活動，我打算在他們底下學習一年，所以我預定了瑞士學生宿舍（由勒・柯比意[13]所設計）的一間房間。想不到離出發只剩兩

10　漢斯・爾尼
（Hans Erni，1909-2015），
瑞士平面設計師、畫家、插畫家、
雕刻家和雕塑家。

11　費南・雷捷
（Fernand Léger，1881-1955），
法國畫家、雕塑家，與布拉克
（Georges Braque）、畢卡索同為
立體派繪畫重要人物。

12　阿米迪耶・奧桑方
（Amédée Ozenfant，1886-1966），
法國純粹主義派畫家、雕刻家和雕
塑家。

13　勒・柯比意
（Le Corbusier，1887-1965），生於
瑞士，為二十世紀最重要建築家之
一，被譽為現代建築之父。

14　艾德蒙・德・休圖茲
（Edmond de Stoutz，1920-1997），
瑞士指揮家，1945 年創立蘇黎世
室內管弦樂團。

星期，就爆發了第二次世界大戰，我受到徵召擔任士官，斷斷續續地服役，直到 1945 年才真正脫下軍服。我是可以利用休假來解決囤積已久的工作，但服役期間還是要支付工作室的房租，我計畫要去巴黎居留的存款漸漸消耗殆盡，最後我的巴黎居留計畫就告吹了。

與費雷娜・布洛克曼結婚

1943 年，我與蘇黎世音樂院的小提琴家、具有 Concert Diploma（相當於研究所碩士學位）的費雷娜・布洛克曼（Verena Brockmann）結婚了。費雷娜是蘇黎世音樂廳管弦樂團、蘇黎世大學音樂社，以及艾德蒙・德・休圖茲[14]所率領的蘇黎世室內管弦樂團等團體的成員。她自己也率領四重奏樂團進行演奏活動，是天底下數一數二的英才。費雷娜為了激發自己的音樂天賦，求教於全球知名的小提琴家兼教育家卡爾・弗列其（Carl Flesch）教授。

左／
瑞士農戶的種類

右／
瑞士藝術紀念碑

兩者都攝於瑞士聯邦展
（1939 年）

費雷娜的父母是海因里希・布洛克曼博士（Dr. Heinrich Brockmann）與瑪莉・布洛克曼－耶羅許博士（Dr. Marie Brockmann-Jerosch），都是國際知名植物地理學專家。1939 年的瑞士博覽會有一位建築師名叫約翰・亞伯特・弗萊特克，我就是透過他認識了布洛克曼博士。布洛克曼博

當兵時期
1939-1945 年

士在 1933 年出版了《瑞士農戶》（*Schweizer Bauernhaus*）一書，其中記載了不同地區與氣候所對應的農戶，我在展覽會上的工作就是根據書本內容，製作彩色大圖來展示。第一次去到他的研究室洽談，那過程我至今難忘。他非常輕易就全面相信我的能力，而我卻沒有信心回應他的信任，感覺如坐針氈。在當時安排好的第二次洽談，我原本打算要提出自己的展示創意，想不到布洛克曼教授就在洽談前發生了車禍，受到重傷，所以後來是由海因里希教授的妻子瑪莉博士與我進行洽談。

1944 年，我們夫妻倆生下兒子安德列斯（Andreas）。安德列斯唸完了小學、中學、高中，就進入蘇黎世應用美術學校，在瓦爾特・文德（Walter Binder）底下學習當個攝影師。畢業後，安德列斯在我的工作室短暫工作了一段時間，就開了自己的攝影棚。他具備智慧與豐富的想像力、創造性，還有卓越的專業態度，在工業界與廣告界獲得許多客戶，不僅如此，他還是蘇黎世設計美術館的海報收集合作夥伴，廣受好評。1988 年起，他在康斯坦茨造形大學擔任講師。

1992 年，吾兒罹患肺癌，在 1993 年 2 月初辭世。

左／
岳母瑪莉・布洛克曼・耶羅
許博士，以及我的兒子安德
列斯。

右／
我們當時的住家，蘇黎世的
卡普修塔 44 號，頂樓房間
是工作室。

左／
岳父海因里希・布洛克曼
教授（G・拉比諾維奇
〔G. Rabinowitsch〕的
銅版畫）

右／
費雷娜・穆勒－布洛克曼

與費雷娜滑雪度假

蘇黎世音樂廳管弦
樂團中的費雷娜，
指揮是漢斯・羅斯包特。

左／
十三歲時的安德列斯

右／
四十八歲的安德列斯

攝於卡普修塔 44 號的
工作室

展覽的架構

1940 年代到 1950 年代之間，蘇黎世文化部長多次委託我
進行荷姆豪斯美術館（Helmhaus）的展覽設計。做展覽設
計時，我用心的重點在於以客觀手法來表現主題，並在整
個展示空間中隨興散布有獨創性的驚奇效果，最後要統整
成一個完整的呈現結果。這些工作，建立了我身為展覽設
計師的評價。

通常我會在展館進來的門廳下工夫，有時候是長十六公
尺、高四公尺的象徵性繪畫，有時候是立體飾物。根據規
則，展覽的準備時間通常很短，只有四星期到六星期，就
要完成展覽設計說明、設計工程、修改、展示擺設等所有
工作，所以必須不分日夜努力趕工。

我第一次經手的展覽，是展出社會與城市建築的「你的住
處，你的鄰居，你的故鄉」展。我在門廳擺了一幅大型畫
作，以超現實的拼貼手法來表現展覽會的主題。會場中使
用許多照片、統計資料、插圖、文章來展現人類的居住文
化，我希望能藉此提供住宅、住宿設施，甚至都市計畫的
普遍方針。另外追加的一幅畫則是一幅天馬行空、趣味又

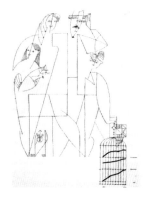

「你的住處，你的鄰居，
你的故鄉」展覽的展示板
（蘇黎世的荷姆豪斯，
1948 年）

「從羅馬時代的
阿皮亞古道，乃至今日」
展覽用壁畫，展示在
蘇黎世的荷姆豪斯
所舉辦的舞台美術展
（1949 年）

幽默的插畫。這幅插畫受到觀眾與媒體的高度讚賞，但我自己並不認同這個成果，這樣的安排竟然會有這麼驚人的效果，讓我有所懷疑。而且展覽的文字排印、攝影、統計圖表、圖畫各元素之間欠缺統一性，實在讓我無法滿意。

1947 年，我受委託製作瑞士國內各地的圖解插畫，要用於巴塞爾鐘錶展上。案主是當時的瑞士交通中心長官比可（Bickel）先生，是他發掘了當時仍沒沒無名的平面設計師漢斯‧法爾科（Hans Falk），而且又跟阿洛伊斯‧加里吉、漢斯‧費雪（Hans Fischer）、畫家恩斯特‧摩根特勒（Ernst Morgenthaler）、麥斯‧古布拉（Max Gubler）等人共事過。當時我也採用超現實手法，加上一點幽默感，畫了十二幅一組的壁板。這組作品，算是我插畫時期的經典作品。

1948 年，瑞士商業中心託我替布拉格國際展售會的瑞士展館設計館內空間。在展館內分到最大區塊的瑞士交通中心對外招募人才，要用彩色插畫來宣傳瑞士生活的多元性，最後採用了我的設計——以符號化的抽象人類與動物來繪製十片大圓盤。展覽作業有七個星期準備。

用於布拉格國際
展售會的彩色壁板
（1948 年）

承蒙布拉格人的熱情友善，我有幸拜訪易吉・圖倫卡[15] 的攝影棚。我一直認為他打造的童書與人偶劇都很棒，可惜當時圖倫卡不在攝影棚，是由他的朋友拿出他的人偶、書本與所有作品的紀錄影像給我看——由於影片很長，看完時天都亮了。

我在布拉格的書店，發現陌生的捷克藝術家們創作了許多美妙的圖畫書。我在當時最有名的布拉格實驗劇場，欣賞了法蘭西斯科・布里安[16] 所編劇的梅特林克[17] 作品公演。我不太懂捷克語，但是這場公演深深感動我心，那舞台上的光景依然歷歷在目——白色的抽象線條，由象徵性所帶來的豐富表現力，掌控了整個舞台。公演結束後，我與布里安聊了聊，他深受俄羅斯革命時代戲劇的影響，全心支持那具備近代架構的藝術能量。可惜那年他的信念就被俄軍占領給毀了，他失去自己的劇場，在貧困與孤獨中離世。

我在捷克居留的期間，認識了當時知名的前衛平面設計師拉迪斯拉夫・史托那[18]。史托那受到卡爾・泰格[19] 與拉茲

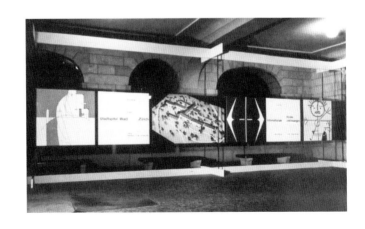

受蘇黎世市政府委託
所製作的「蘇黎世百德
醫院」展覽設計
（蘇黎世的荷姆豪斯，
1950 年）

「瑞士的城堡與宮殿」
展覽牆板

洛·莫侯里－納吉 [20] 的影響，作品具備獨特創意與足以發揮創意的決定性線條，其中蘊含的能量實在傑出。之後在 1956 年，我與史托那在紐約所舉辦的對談上重逢，他無法習慣自己所選擇的第二故鄉，總覺得自己不被理解。我想他在紐約，找不到深深刻印在布拉格街道上的熱情理想主義吧。

此外，我還經手過許多展覽工作，在紐約的「森林」、「兒童」、「瑞士的城堡與宮殿」、「蘇黎世的百德市立醫院」、「提茲諾」、「瑞士」、「從煤炭到煤氣」等工作，壁板都有統一編排，透過這些統整的文字排版與相片排版，讓我發現到可以創造更精準、更有節奏感的造形。當時我在繪圖的時候，都會盡力把對象描繪得形式化。

舞台美術

1945 年以後，我感受著再次回歸和平的幸福，同時也開始尋找自己的定位。這時候碰巧遇見捷克的流亡導演瓦

---

[15] 易吉·圖倫卡
（Jiří Trnka，1912–1969），
捷克木偶製作師、插畫家、動畫家
與電影導演。

[16] 法蘭西斯科·布里安
（František Burian，1904–1959），
捷克詩人、記者、歌手、
演員、劇作家。

[17] 莫里斯·梅特林克
（Maurice Maeterlinck，1862–1949），
比利時詩人、劇作家、散文家，
於 1911 年獲頒諾貝爾文學獎。

[18] 拉迪斯拉夫·史托那
（Ladislav Sutnar，1897–1976），
美籍捷克裔平面設計師，
被認為是資訊圖表設計（Info-
graphic design）與資訊架構
（Information Architecture）的先驅。

[19] 卡爾·泰格
（Karel Teige，1900–1951），
捷克斯洛伐克前衛藝術家、
作家與平面設計師，
超現實主義代表人物之一。

[20] 拉茲洛·莫侯里－納吉
（László Moholy-Nagy，1895–1946），
匈牙利畫家、攝影師，
曾於包浩斯學院任教，主導規畫該
校基礎課程，而後受邀至美國成立
設計學院，為當代設計學院課程
設計產生深遠影響。

「從阿皮亞亞古道來到現在」展覽海報的草圖與成品（蘇黎世荷姆豪斯美術館，1949 年）

薩·哈荷曼（Vasa Hochmann），他曾經在蘇黎世創辦過「托里布尼實驗劇場」（Die Tribüne）。這次相遇將我拉進舞台劇的世界，我開始設計服裝與舞台，還要研發新的照明裝置。舞台劇生活並不寬裕，但這裡的氣氛很棒。導演的熱情與投入打動了所有合作夥伴的心，而排戲當然也都是排到半夜。

我在某份日報上的對談文章被當時的庫亞市立劇場總管漢斯·克立葉（Hans Curjel）看見，就找我簽約擔任舞台美術與服裝設計。他原本在柏林推動過「克羅爾歌劇院」（Kroll Oper），後來為了逃離納粹迫害才回到瑞士。我之所以能理解戲劇的本質與文化意涵，他可說居功厥偉。

知名演員維爾·克瓦多弗列克（Will Quadflieg）在蘇黎世劇場演出蕭伯納（George Bernard Shaw）的《人與超人》（Man and Superman）時，他問我要不要一手包辦劇場總監、舞台美術與服裝設計。這齣劇作以十九世紀末為舞台，充滿了頹廢與多元性。我試著在舞台美術中融入青年風格（Jugendstil）、新哥德、模擬古典主義等元素，還有近代造形原理下的新概念。然而，我的出發點是好的，但做出來的舞台裝置卻遠不及理想，只有背景的內華達山脈畫得算成功。評論家看了這幅山脈畫，表示大色塊有它的美感，但沒有發現那是內華達山脈。

我也透過戲劇的工作，間接認識了楚德·柯曼（Trude Kolmann），她是由艾利希·凱斯特納（Erich Kästner）所贊助的一座慕尼黑劇場「小小的自由」（Die kleine Freiheit）的劇場總監，她勇敢抵抗法西斯主義，所以戰爭爆發前不得不搬到英國，1946 年才又回到德國。她很珍惜香頌（chanson）與諷刺短劇的風格，所以對重大政治事件充滿

劇場專案「小小的自由」插畫（慕尼黑，1951 年）

替蘇黎世劇場畫的小
廣告（1947-1950 年）

機智，要求舞台美術與布景必須夠諷刺，並且能夠襯托台
詞。我在她底下才學會了即興與表演指導所創造的藝術。

1945 年左右，我替蘇黎世發行的《新蘇黎世報》（*Neue
Zürcher Zeitung*）和《蘇黎世新聞》（*Zürcher Nachrichten*）
兩家報紙刊登的劇評報導畫了蘇黎世劇場與歌劇院的演出
場面草圖。

從這個時期開始，我的平面設計工作委託開始增加，所以
我把自己的工作主軸慢慢轉移到插畫上。當我吸引到更多
人的注意，連文字雜誌、攝影雜誌，甚至書本設計都找上
我，就不缺工作了。但是我依然無法消除對自己作品的疑
慮，以及對成功的不信任。我常常拿自己的畫作跟西瑞
士藝術家奧柏戎諾瓦 [21]、馬諦斯 [22]、畢卡索等人的作品比
較，學會了結構的特性、線條與形狀的緊張感、掌握主題
的精準度、構想的透徹性與感受性，以及詩意。最後，我
終於明白藝術與玩票的根本差異。

1948 年，哥本哈根舉辦了一場瑞士平面設計師的展覽，

替蕭伯納原著
《人與超人》所做的
舞台美術設計
（蘇黎世劇場，1950 年）

其中展出我幾項舞台美術設計成果。沒多久，丹麥知名演員艾林·史瑞德（Erling Schroeder）就來蘇黎世拜訪我，請我替哥本哈根的一座劇場「騎士廳」（Riddersalen）做舞台美術設計。史瑞德是個不肯妥協的人，他要求以現代化的詮釋為基礎，設計要盡量地風格化。我必須盡量剔除所有形狀與顏色，直到符合他的想像為止。

替二至五歲的兒童劇場
「騎士廳」所畫的海報
（哥本哈根，1948 年）

皮耶·高夏與法蘭茲·費雪[23] 在藝術上通力合作，於1930年代至 40 年代之間打造出成功的「蘇黎世人偶劇」；保羅·辛德密特[24] 則以蘇黎世人偶劇改編出歌劇《去與回》（Hin und zurück），並委託我製作人偶與設計舞台美術。我試著把出場人物設計成一半立體派，一半超現實，但最後的結果我其實不是很滿意。蘇菲·陶柏－阿爾普[25] 已經在 1912 年創造過立體派的人偶，那真是全新人偶造形的新時代創舉啊。

即使我身為舞台藝術家與服裝設計師都獲得成功，我還是對自己的成果抱持批判態度。比方說俄羅斯革命之年的偉大的理想型——梅耶荷德[26]、史旦尼斯拉夫斯基[27]、猶太劇場（Jüdisches Theater）、泰洛夫[28] 的《被解放的劇場》（Das entfesselte Theater）、培德利斯基（Petriszky）

---

[21] 雷內·奧柏戎諾瓦
（René Auberjonois，1872–1957），
瑞士後印象派主義畫家。

[22] 亨利·馬諦斯
（Henri Matisse，1869–1954），
法國畫家、雕塑家、版畫家，
野獸派的創始人及主要代表人物。

[23] 法蘭茲·費雪
（Franz Fischer，1900–1980），
瑞士石雕刻家。

[24] 保羅·辛德密特
（Paul Hindemith，1895–1963），
德國作曲家、教師、中提琴家
和指揮家。

[25] 蘇菲·陶柏－阿爾普
（Sophie Taeuber-Arp，1889-1943），
瑞士幾何抽象藝術家，被視為
達達主義藝術運動重要人物之一，
是至今唯一一個肖像出現在瑞士鈔
票上的女性。

我替保羅·辛德密特的歌劇《去與回》中人偶上色（蘇黎世人偶劇場，1953年）

等等──以及皮斯卡特[29]擔任總監的「柏林民眾舞台」（Volksbühne Berlin）的舞台設計；還有卡爾·華沙[30]替麥斯·萊茵哈特[31]所簡化的美妙舞台；尤根·費林[32]在柏林音樂廳演出《尼伯龍根》（Nibelungen）時，耶米爾·皮祥[33]替他打造的舞台。想到這些天才的壯舉，我只覺得自己的成果平凡無奇。在這樣的想法之下，我終於決定要回絕所有的劇場工作。但是當德國舞台導演尤根·費林說他和慕尼黑大戲劇院的舞台美術家要一起去慕尼黑的舞台美術學校教課，問我要不要順道一起去時，便馬上掀翻了我原本下定的決心。

奧斯卡·王爾德原作《莎樂美》的舞台美術設計（庫爾市立劇場）

費林曾經在蘇黎世劇場導過一齣天才般的戲劇表演，是加西亞·羅卡[34]的《東娜·羅吉塔》（Donna Rosita），這給了我無法抹滅的感動。舞台被布置成圓錐形，後方的牆上只有一扇窗和一道白色的蕾絲窗簾。在戲劇進行到令人屏

息的高潮時，一道強風吹來，窗簾在空間中擺盪。演員們
照著排演的橋段，化身為精心打造的出場人物，在舞台上
表演——他們站在舞台上的狀態，可說是無比的專注與
緊張。

我很期待能從費林身上獲得關鍵的刺激，而且早有準備接
受他任何的批評。要不是他遇見我沒多久便罹患不治之症
而病倒，我應該會有個完全不同的生涯吧。

文字排印

三十五歲左右，我開始獲得職業上的成功，我是插畫家、
畫家、舞台美術家、人偶製作師、平面設計師，但我知道
自己的努力與他人並沒有太大差別。我研究 1920 年代的
偉大平面廣告設計，像是莫侯里－納吉、卡爾・泰格、艾
爾・李希茲基 [35]、赫伯特・拜耳 [36]、拉許兄弟（The Rasch

---

[26] 梅耶荷德
（Vsevolod Meyerhold，1874–1940），
俄國戲劇導演、演員、戲劇理論家。

[27] 康斯坦丁・史旦尼斯拉夫斯基
（Konstantin Stanislavski，1863–
1938），俄國著名戲劇家、表演理
論家，著有《演員自我修養》。

[28] 亞歷山大・泰洛夫
（Alexander Tairov，1885–1950），
俄國戲劇導演。

[29] 艾爾文・皮斯卡特
（Erwin Piscator，1893–1966），
德國戲劇導演、製作人，與布萊

希特（Bertolt Brecht，1898–1956）
共同提出史詩劇場（Epic Theatre）
概念，影響至今。

[30] 卡爾・華沙
（Karl Walser，1877–1943），
瑞士畫家、舞台設計師。

[31] 麥斯・萊茵哈特
（Max Reinhardt，1873–1943），
奧地利猶太裔戲劇、電影導演，
後流亡至美國，被譽為二十世紀初
期德語戲劇圈最重要導演之一。

[32] 尤根・費林
（Jürgen Fehling，1885–1968），
德國戲劇導演、演員。

[33] 耶米爾・皮祥
（Emil Pirchans，1884–1957），
捷克藝術家。

[34] 加西亞・羅卡
（García Lorca，1898–1936），
西班牙詩人、劇作家。

[35] 艾爾・李希茲基
（El Lissitzky，1890–1941），
俄羅斯教師、藝術家、設計師、
攝影師、字體排印師和建築師，
為二十世紀初俄國先鋒（Avant-
garde）藝術運動的領軍人物。

Brothers）[37]、麥斯・布夏茲[38]、揚・奇肖爾德[39]、Ａ・Ｍ・卡山鐸[40]、尚・卡盧[41]等人。我們的作品之間，明顯存在著無法超越的差異。

我認為自己的表現強項不在於插畫，而且也開始體認到插畫並不是客觀的表達，而是一種較為主觀的表現手法，於是我開始盡力去學習文字排印與攝影方面的技術。就和之前學繪畫的過程一樣，我想盡力排除文字排印中那些主觀的、感覺本位的造形，去尋求傳統文字排印所培養出來的秩序。也就是說，我認為排版必須注意單行長度是否容易閱讀，以及行距、留白、文字對比等等。接著，要避免使用裝飾元素，盡力提升客觀性。我對攝影也是一樣的態度，當我想表達某個主題，則必須掌握主題本身固有的價值與特性，表現得不偏不倚、清楚明瞭。此外，當我以簡潔為要旨設計文字版面時，會刻意在畫面上添加帶有張力的排版樣式，與文字排版形成強烈對比。這時候，我會先仰賴數學式的比例，而非自己的感覺。

---

[36] 赫伯特・拜耳（Herbert Bayer，1900–1985），奧地利／美國平面設計師，畢業於包浩斯，是該校後來影響力最大的畢業生之一。

[37] 指海因茲・拉許（Heinz Rasch，1902–1996）和波多・拉許（Bodo Rasch，1903-1995）兄弟，為德國建築師雙人組，兩人僅合作約四年，其創作卻對現代主義建築影響深遠。

[38] 麥斯・布夏茲（Max Burchartz，1887–1961），德國攝影師及平面設計先驅，於 1924 年成立第一個現代廣告公司。

[39] 揚・奇肖爾德（Jan Tschichold，1902–1974），德國字體設計師、書籍裝幀師、教師和作家。

[40] Ａ・Ｍ・卡山鐸（A. M. Cassandre，1901–1968），法國畫家、海報藝術家和字體設計師，時尚品牌聖羅蘭（YSL）的 Logo 為其最知名的作品之一。

[41] 尚・卡盧（Jean Carlu，1900–1997），法國平面設計師。

[42] 指單一字母內的空白空間。

經過我不斷探求，我開始確信文字排印在客觀表達上的確擔任著重要的角色。尤其是德紹（Dessau）時代的包浩斯（1925–1932），還有揚・奇肖爾德，他們打造的文字排印給了我最根本的影響。

我常用伯托特（Berthold）鑄字廠出品的 Akzidenz Grotesk 字體，因為這個字體很優雅，又比其他的無襯線體（Grotesk）帶有力道，並且具備客觀的型態。比方說 **a c e g r s** 等這些字母的描線末端，都是以數學方式截斷的。不像之後出現的無襯線體，文字的末端對應文字骨架總是切成銳角或鈍角，Akzidenz Grotesk 字體的末端切面都與骨架垂直。

像 Caslon、Garamond、Baskerville、Bodoni、Times 這

由上至下／
Akzidenz Grotesk
（德國，1890 年代）

Helvetica
（瑞士，1957 年）

Univers
（法國，1957 年）

Akzidenz Grotesk

ABCDEFGHIJKLMNOPQRSTUVWXYZ&!?
abcdefghijklmnopqrstuvwxyz 01234567890

Helvetica

ABCDEFGHIJKLMNOPQRSTUVWXYZ&!?
abcdefghijklmnopqrstuvwxyz 01234567890

Univers

ABCDEFGHIJKLMNOPQRSTUVWXYZ&!?
abcdefghijklmnopqrstuvwxyz 01234567890

些羅馬體，具備了跨時代的美感。這些字體的形狀與字腔（counter space）[42] 有著完美和諧的關係。日後，我放棄使用這些字體，總讓我有些遺憾，不過我下定決心只用二十世紀的字體，因此阻擋了我回頭使用這些字體的衝動。雖然 Akzidenz Grotesk 是柏林伯托特鑄字廠在 1896 年發行的字體，但是到了 1920 年代之後，這個字體才開始受到矚目與重用。

50 年代的工作室

從上開始／
「Caslon」
（英國，十八世紀）

「Garamond」
（法國，十六世紀）

「Baskerville」
（英國，十八世紀）

在 50 年代，我的工作室獲得顧客認同，我也受到眾人尊敬。這期間跟我合作的女性平面設計師妮莉・魯丁（Nelly Rudin）、海蒂・夏茲曼（Heidi Schatzmann），以及攝影師薩朱・利比裘司基（Serge Libiszewski），都是理想的好夥伴。我們這個團隊為了改進設計，可說是不辭辛勞，晚上和週末都常常加班。這時期工作所獲得的報酬不算多也不

Caslon
ABCDEFGHIJKLMNOPQRSTUVWXYZ&!?
abcdefghijklmnopqrstuvwxyz 01234567890

Garamond
ABCDEFGHIJKLMNOPQRSTUVWXYZ&!?
abcdefghijklmnopqrstuvwxyz 01234567890

Baskerville
ABCDEFGHIJKLMNOPQRSTUVWXYZ&!?
abcdefghijklmnopqrstuvwxyz 01234567890

算少，工作室也安排成適合工作的良好環境。我們工作的慾望來源是一股信念，相信我們能透過設計來完成道德使命。一個人可以透過自己的工作，負擔起多少社會責任？我們徹底鑽研了這個問題。

50 年代尾聲，我們為了深化自己職業活動的意義，制定了新的方針。也就是我們身為設計師，要拒絕任何對社會大眾有害的工作。當時我正在幫忙圖馬克（Turmac）香菸做宣傳，成品是在蘇黎世中央車站內掛上左右兩道蒙太奇相片牆，展示各個社會階級的人都在吸菸；但是當我設計了十二道櫥窗，得知菸草從收成、加工到包裝的過程，才發現吸菸對健康很不好。得知了這個先前不知道的真相讓我大受打擊，便告訴圖馬克的老闆，說我以後不做這件案子了。

替圖馬克香菸製作的蘇黎世中央車站牆面海報（1955 年）

我做了一份清單，列出我不想參與的產品和理念，清單裡包括菸草製品、酒精飲料、戰爭相關的玩具、軍事機構、房地產炒作、政黨等等。直到今天，我仍未打破規矩、涉足清單裡的任何項目。

替飲料廠商巴利
（Bally）製作的蘇黎世
布來荷維格（Bleicher-
weg）大樓外牆廣告
（1955 年）

我中立客觀而帶有啟發性的工作方式，逐漸吸引了新的客戶。其中一項工作，就是設計新式活字字體 Neue Haas Grotesk 的字體樣本（1962 年公布）。案主是明興施泰因（Münchenstein）的哈斯鑄字廠（Haas Type Foundry），他們對設計開了個困難的條件，就是範本中所有的字體尺寸、鉛字重量，所有與排版有關的尺寸標記都要寫進去，而且要標得清楚又有功能性。

其他重要的工作包括蘇黎世自動電話公司（Autophon AG）風格連貫的系列廣告；蘇黎世迪肯孔鎮（Dietikon）一家修特克‧修密特（Stocker-Schmid）出版社的書本設計；L + C 公司（Lithographie und Cartonnage AG）的社會貢獻專案研發；迪肯孔一家雷比修‧維卡（Reppisch-Werke）商號的學校用器材、製圖機、零件類等廣告與文宣。這些廣告都是反覆利用訂定了基本尺寸的造形元素，規範文字大小，套用網格系統，才達成了統一性。雷比修‧維卡的主管還提案要針對學校用器材的廣告發行小報，來說明學校教育的歷史進展。這項計畫也確實通過，獲得老師們的極大迴響。

這個時期還有另一件有趣的委託案，合作對象是蘇黎世的

左／
L + C 公司廣告
（蘇黎世，1953 年）

右／
自動電話公司廣告
（蘇黎世，1953 年左右）

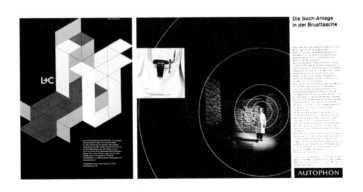

自動擦手巾供應機
公司（CWS 公司）車輛
上的商標

CWS 公司，該公司製造的是自動擦手巾供應機。當時我替該公司所設計的商標、文字排版與照片，在四十年後的今天還是繼續使用。同時期，我和蘇黎世的克里斯坦‧穆勒（Chr. Müller）建設公司合作設計，也是一個至今仍保留原樣的案子。

製作海報

1952 年，瑞士汽車聯盟（ACS）辦了一場海報甄選活動，主題是「保護孩子」，雖然我在甄選中獲選奪冠，但是對自己提交的海報仍不甚滿意，所以又花了好幾個星期才做出最終設計案。最初的設計案，是在版面中配置兩輛汽車衝向一個小孩，但是這樣元素依舊太多，所以我把兩輛衝向小孩的汽車換成一輛機車。為了完成這個創意，我告訴攝影師，拍攝出來的機車必須有奔馳的感覺，而且要讓觀眾清楚地感受到。這是我和 ACS 合作的第一步，合作關係也持續了許多年。

還有個很特別的委託案，那就是設計「車禍量告示板」，放置在蘇黎世市中心的帕拉登廣場，顯示每天的車禍件數與死亡人數。我與建築師合作，希望行人不會忽略這座又高又黑的告示板，先放上了照片與說明文字，發生的車禍

替克里斯坦‧穆勒
建設有限公司所設計的
賀年卡（蘇黎世）

Teil des Ciudatela-Tempels, 9. Jh.
Teotihuacan, nördlich der Stadt Mexiko

Alles Gute im neuen Jahr wünscht Ihnen
Chr. Müller · Co., dipl. Baumeister, Sallenbachstrasse 20, 8055 Zürich

替瑞士汽車聯盟
做的海報「友好的手勢」
（1954 年）

替瑞士汽車聯盟
做的海報「保護孩子」
（1953 年）

防止車禍用的公共
告示「車禍量告示表」
與公告展覽會（瑞士汽
車聯盟，1952 年，
建築設計師為培波．
比維奧〔Beppo Bivio〕）

海報「保護孩子」（瑞士汽車聯盟，1953 年）

EXTRA-KONZERTE

BRUNO WALTER

W. A. MOZART

J. BRAHMS

F. SCHUBERT

純靠文字排版構成的音
樂會海報（蘇黎世音樂
廳協會，1950 年）

貝多芬音樂會海報
與四件製作草圖
（蘇黎世音樂廳協會，
1955 年）

資訊則是另外附加一塊布告欄來說明。這項活動持續了幾
個月，大受當地居民與媒體的關注。

ACS 也主導了另一系列的宣傳活動，主題是「友好的手
勢」，要宣導駕駛與行人的良好關係。我們結合了公開活
動、海報、傳單等項目，向觀眾表達我們的創意，相當成
功。許多媒體都十分關注這項活動，報導了活動內容。

音樂會海報

1950 年左右，我第一次替蘇黎世音樂廳舉辦的音樂會製
作了海報。但當時蘇黎世前三大的報社都批評我的海報
設計，他們不喜歡海報的抽象設計，說是違背了聽眾的
喜好。我將海報裡的那些幾何學元素配置得很有節奏感，
是為了象徵音樂的不同曲目。幸虧音樂廳協會的事務長
薩謬・希爾許（Samuel Hirschi）與總指揮艾利希・舒密特

音樂會海報
（蘇黎世音樂廳協會，
1951 年）

音樂會海報與六件
製作草圖（蘇黎世
音樂廳協會，1970 年）

（Erich Schmid）不管報紙與其他主管的批評，支持我的創作概念。因為兩人的支持，我才能做上二十五年的音樂會海報。

薩謬‧希爾許把平面設計方針完全交給我決定。無比迷人卻也無比困難的音樂會主題，讓我著迷不已，幾乎每張海報都要花上一整個月去製作。1955 年的貝多芬海報，甚至花了我兩個月。我每次都用具體的、非即物的，但具備邏輯的形狀去解釋節奏、透明感、輕盈等音樂主題。這種運用幾何學元素的結構式設計，需要在文字排印上仔細斟酌，無論形狀或比例都必須達到一種含意深遠的均衡。

卡羅‧韋瓦列里 [43] 是我在文字排印領域中的導師，也是他給了我反省與自我批判的機會。有一次，他說我使用幾何學元素的方法太過主觀，他的這個批評，使我轉向投入純

以文字排印來製作音樂會海報。我為了表達充滿音樂性又有詩意的感覺，持續挑戰著如何透過配置文字的律動感，製作出像在空中飄浮般具有透明感的文字排印。

1972 年，薩謬·希爾許轉職成為了一間音樂會經紀公司的總監，我替音樂廳協會製作海報的活動也就此結束。

演說工作

1940 年代起，我開始了演說活動。透過國內外的演講，我講述造形上的各種問題、海報的歷史及其評價標準、設計師教育、網格系統的實用性、照片在廣告中的意義，以及設計師的社會責任。

1956 年，當時的亞斯本會議營運成員之一──紐約的威爾·伯汀[44]委託我舉辦演說。演說題目由我決定，所以我說要談瑞士的設計局勢，也就是建築、繪畫、雕刻、產品、平面設計等等，他也同意了。伯汀又希望我能推薦一位瑞士的建築師，所以我就找了馬克斯·弗里施[45]。當時的弗里施其實在文學方面比較有名，但他不僅設計過幾座優秀的建築，還曾經在美國居留過一年，所以英文也不

亞斯本國際設計會議，
美國，1956 年

演講者由左至右為
索爾·巴斯　　　　　　　柳宗理　　　　　　　　FHK 亨理翁

霍夫曼夫妻，阿敏與桃
樂蒂（墨西哥，1956年）

馬克斯·弗里施
（帕倫克〔Palenque〕，
1956年）

錯。弗里施接受我的邀請，建議演說主題是「新城市」。這個主題，是源自他與馬克斯·庫特[46]與盧修斯·布希哈特[47]正在推動的專案。還有一對優秀的教師兼設計師夫妻也受邀擔任嘉賓，那就是巴塞爾的霍夫曼夫妻——阿敏與桃樂蒂[48]。

亞斯本會議從北美、南美、歐洲、日本等地共邀請了約二十五名設計師來講述自己國家的設計局勢，至少有幾百名學生來聽講。這場會議固定每年都會舉辦，替會議決定方向並執行的人物，就是曾經在包浩斯學習並任教的赫伯特·拜耳。

他在亞斯本有自己的住家兼攝影棚，是個功成名就的藝術家。他的繪畫與雕刻，繼承了包浩斯時代的嘗試。

會議結束後，我和馬克斯·弗里施與霍夫曼夫妻在墨西哥停留了四個星期。看我這麼寫，會以為我們有充分的時間可以聊天，但實際上沒甚麼時間好聊。我們各自都有不同的興趣，隨著自己的興趣分頭行動。馬克斯·弗里施需要時間寫作《技術之人》（*Homo Faber*）這本小說，他常常

亞伯特·羅塞理　　麥斯·弗理修　　　　威爾·伯汀　　穆勒–布洛克曼　　荷雷修·艾克保

窩在自己的房間裡寫作。我很尊敬他，所以一直告誡自己千萬不要做出踰矩的言行。之後他發行了自己第一份日記《1946–1949 年》，其中技術的概念密度與原創性深深打動了我，看得感動不已。

墨西哥，特奧蒂瓦坎（Teotihuacan），太陽金字塔

馬克斯・弗里施與霍夫曼夫妻離開墨西哥之後，我為了理解印第安人，以及十六世紀時被西班牙人摧毀的古文化，又在墨西哥停留了三個星期。我造訪了漂亮的寺廟、金字塔與宮殿，途中還見到許多令我印象深刻的印第安人。我的交通工具好像是當地人的老舊車輛，搭起來鬆垮搖晃。

車子開在荒涼的高地上，司機突然停下車，要我下車跟著他走。我看他比手畫腳，大概懂了他的用意，就下車跟在後面。我們走在被太陽烤焦的荒地上，突然見到一座讓我頭皮發麻的深谷。他露出微笑，指著我的相機，要我拍照。我鬆了口氣，也感到慚愧。司機沿路上都沒有跟我說幾句話，但是從後照鏡中看見我在拍照，所以才想說帶我

43　卡羅・韋瓦列里
（Carlo Vivarelli，1919–1986），
瑞士藝術家與平面設計師，
而後與布洛克曼共同創辦了瑞士
重要平面設計雜誌《新平面》
（Neue Grafik）。

44　威爾・伯汀
（Will Burtin，1908–1972），
德國平面設計師，二戰後流亡
至美國。

45　馬克斯・弗里施
（Max Frisch，1911–1991），
知名瑞士作家，曾獲德國書業和
平獎、畢希納獎（德國的最高
文學獎）等歐洲各大重要文學
獎項，生前也被認為極有可能獲
得諾貝爾獎文學獎（但未得獎），
在成為專職作家前曾子承父業
成為建築設計師。

46　馬克斯・庫特
（Markus Kutter，1925–2005），
作家，與平面設計師卡爾・格斯
特納（Karl Gerstner）成立
Gerstner+Kutter 廣告代理公司。

47　盧修斯・布希哈特
（Lucius Burckhardt，1925–2003），
奧地利社會學、經濟學家。

48　阿敏・霍夫曼
（Armin Hofmann，1902–2020），
為最具代表性的瑞士國際主義風格
平面設計師之一；桃樂蒂・霍夫曼
（Dorothea Hofmann，1929–），
平面設計師、藝術家、設計教育家，
曾任教於耶魯大學藝術學院等。

來拍峽谷照片，認為我會開心吧。

造訪帕倫克一座禮拜堂時，我選了兩塊頗大的、磨損嚴重的石雕板碎片，替它們畫了鉛筆拓印畫。到處都有散狀碎裂的石雕板，我很想把它們帶回瑞士，可惜時間不夠充裕；我也想把當時的照片與石雕板拿來出版畫集，但阮囊羞澀，只好放棄。

石雕板的鉛筆拓印畫

居留美國

因為科學主題展覽設計而出名的威爾·伯汀，不僅邀請我去亞斯本，還勸我到紐約工作，還說可以免費使用他的工作室。那是 1956 年底的事情。我接受他的邀請，嘗試在美利堅合眾國當個設計師。我勉強在紐約租了一間房子，設定了三個月的期限，想看看自己能不能在這個「機會無限的國度」存活下來。

在開始居留的半年前，知名雜誌《工業設計》（*Industial Design*）以大篇幅相片介紹了我先前的成果，聽說我是第一個獲此殊榮的歐洲設計師。託這篇報導的福，許多這個領域的人都認識了我。我帶著作品集到處拜訪，某天認識了廣告代理商的經理史帝芬·萊恩（Stephan Lion）。他拿著我的資料，與各式各樣的企業進行協商，大概過了兩個星期，他給了我一項夢幻的提案，也就是到他的公司擔任專屬設計師，年薪五萬美元，以當時的匯率來說就是二十五萬瑞士法郎，而且答應讓我掌管二十名員工。他打算替我和員工租下一間辦公室，要成立新公司「Time & Life」，還帶我去看了場地。他的提議讓我很動心，但我希望能再考慮看看。在紐約的生活，隨時隨地都在告訴我從來沒意識到的事情，也就是讓我體會到，自己其實是個深深扎根在舊大陸文化裡的歐洲人。幾天後，我婉拒了他的

邀請，他完全愣住了。像我這樣幾近耗盡積蓄來到紐約、一窮二白的人，為什麼不想要這樣的機會？

居留紐約的期間，伊利諾工業大學正好在舉辦一場雷蒙・羅威[49]的工業設計展，我便前去參觀。但我覺得他的產品實在太過追求世俗流行，讓我大失所望，拒絕了原本要跟他見面的約定。伊利諾工業大學的校舍，是由路德維希・密斯・凡德羅[50]所設計，所有方面都完美無缺，既透明又均衡。建築系的學生們皆受到他的影響很深，也很沉浸在作品製作的氛圍裡。

《工業設計》雜誌以相片與論文介紹我的作品，此為報導版面（美國，1956 年）

在莫侯利－納吉曾經執教過的攝影教室，是我靠著地板留下的鹽巴足跡發現的。但是攝影棚與暗房相當混亂，欠缺專業意識。但也因為如此，雷・帕森（Ray Pearson）的

基礎課程讓我十分驚喜。日後，我們在《新平面》（Neue Grafik）雜誌第三期中以〈芝加哥伊利諾工業大學設計研究所的教育〉這篇報導中介紹了他的攝影成果。

另外就是美國的《Print》雜誌編輯，委託我設計十二頁的圖稿與註釋。我將完成的版稿拿給他，他馬上點頭通過，但也沒忘了假裝若無其事地問我為何造訪紐約。我說我打算在紐約找工作，他聽了立即送客。我很可能成為他的競爭對手並獲得成功，他很顯然對此感到不舒服。

伊利諾工業大學
校園風景

但我在美國，也結交了多位優秀的知己，頭號知心就是喬治・維登朋（George Wittenborn）。他曾經居住在漢堡，對天底下所有事情都寬心看待，還開了一間很棒的書店。他的書店對顧客有求必應，店面的擺設真是說不出的雜亂，但每個人都能順利找到自己想要的書。書架上擺滿了書、型錄、宣言、傳單，連地板上都堆著高高的書本，天花板上更有吊掛海報。維登朋也是二十世紀的藝術叢書發行人，他發行的書本，也都是由保羅・蘭德[51]等設計師所設計的。

往後我每次在紐約停留，第一個拜訪的地方總是喬治・維登朋與他的書店，直到他去世為止。我沒見過其他地方像這裡一樣，能為好奇寶寶們提供這麼多意想不到的寶貝。

---

[49] 雷蒙・羅威
（Raymond Loewy，1893–1986），
生於法國，一戰後前往美國，而後
成為二十世紀最著名的美國工業設
計師之一，平面設計與識別設計上
亦有所建樹。

[50] 路德維希・密斯・凡德羅
（Ludwig Mies van der Rohe，
1886–1969），德國建築師，
曾任包浩斯校長，二戰後遷居美國，
是最著名的現代主義建築大師之一。

[51] 保羅・蘭德
（Paul Rand，1914–1996），
美國平面設計師，被譽為「美國設
計之父」。

維登朋活力充沛、聰明、口若懸河,而且親切和藹。他去世之後,書店交給一個正經八百的人管理,我在 1990 年造訪的時候,書店變得冷冰冰,再也沒有任何讓我動心的事物。

能夠認識羅伯特・雷斯里(Robert Leslie)博士也是最棒的回憶之一。他是一家排版工坊的老闆,也是紐約一部美妙印刷品《Composing Room》的發行人。他邀請我在他的工坊辦展覽,但我當時很快就要回瑞士了,所以很遺憾沒能實現。

《新平面》(*Neue Grafik*)雜誌

我在美利堅合眾國停留的三個月之中,心裡辦雜誌的念頭愈來愈龐大。我希望這本雜誌可以介紹世界各國的設計實例,範圍涵蓋排版、平面設計、攝影、電影、展覽、產品設計等等。我相信往後的時代裡,貼近現實、有實踐性、有啟發性的設計思維是不可或缺的。在視覺傳達中,若要實現理性且負責任的設計哲學,就必須捨棄主觀的態度。我想「新平面」是最適合這個目標的名稱,我回到瑞士後,就和理查・保羅・洛斯、漢斯・諾伊堡、卡羅・韋瓦列里等同伴商量辦雜誌的計畫。

同時我們請奧騰(Olten)的一家奧圖・伐特出版社(Otto Walter)老闆約瑟夫・拉斯特(Josef Rast)博士來擔任雜誌發行商,他很高興地同意我們的企畫。我們為了把自己的理想變成現實,燃燒熱情在工作上,花了好多時間,終於在 1958 年 9 月發行第 1 期。雜誌發行之後,獲得全球性的迴響,但是訂閱人數不符出版社的期待,所以在 1965 年,不得不把第十七、十八期合併成最後一期,之後停止發行。鉅額的虧損是停刊的最大原因,但出版社認

為這樣大膽的挑戰是非常具有威望的一次行動，認為出版過這本雜誌是他們的光榮。

在蘇黎世應用美術學校任教

1957 年，蘇黎世應用美術學校校長暨建築師漢斯・菲許力（Hans Fischli），希望聘我為平面設計班的專任講師。菲許力先生寫給監督委員會與選舉委員會的申請書內容如下。「他身為一名指導後進的瑞士平面藝術家，在商業性的平面藝術與攝影領域具備廣泛知識，為人光明磊落，具備知性與幽默，對文化、藝術、科學等一切都毫無偏

《新平面》廣告用傳單
（1958 年）

**Neue Grafik
New Graphic Design
Graphisme actuel**

1

左／
《新平面》第一期封面
（1958 年）

右／
《新平面》
第十七、十八合併期
封面（1965 年）

**Neue Grafik
New Graphic Design
Graphisme actuel**

17
18

《新平面》兩幅跨頁頁面

袒地努力投入，年紀輕輕卻充滿行動力。我希望聘用這樣的約瑟夫‧穆勒－布洛克曼，來接任恩斯特‧柯勒的職位⋯⋯」而菲許力先生給我的信件上，是這麼寫的：「這項難題、同時也是我最擔心的事情，因為你的允諾而完美解決了。你願意將你自身的未來交給這所學校，這個決定具有極大的意義⋯⋯」

柯勒曾經是我的導師，繼承他的衣缽絕對不輕鬆，他已經培育平面設計師超過三十年了。雖然我是這樣讚賞柯勒，但是我在職業上的理念卻不知不覺與他背道而馳。柯勒是位匠人，行事風格是不折不扣的藝術家典範。從柯勒的立場來看，例如在海報設計上，文字排印不過只是對於該主題的設計詮釋的一部分，文字是根據設計以手工進行構思繪製。然而，我對平面設計工作的見解則與他完全不同。我認為，平面設計師必須站在設計接收者的立場思考，盡可能讓印刷品傳達的整體印象是最客觀的。因此，傳達的訊息必須與文字與照片所呈現的事實相符。這也是為了明確化自己的工作對社會的影響，以及該負起哪些責任。

我的授課方式將重點放在以客觀且具邏輯性的方法去做視覺設計。有些人會直覺認為平面設計課程這種專業教育會要求學生天馬行空、自由揮灑，但我希望讓年輕一代養成更縝密的思考習慣。

我的教育方針是源自於蘇格拉底的知名「對話法」，這個教育法的本質，在於教導學生不斷質疑自己的作品，以老師與學生的問答過程為基礎，讓學生在對話中製作作品。根據一段問答所執行的作業，會衍生出另一段問答，而新的問答又會孕育出下一段作業。為了磨合學生程度與課程難度，一件作業的完成期間可能從數星期到數個月都有。

當學生對作品提出的解決方案達到學生能力的極限，這項課題才會結束。

當時我並不對學生的作品打分數，我認為最重要的，是學生一步步在前進。我的做法出自我的一個信念——千萬不能用我的思維去約束他們，每個學生都應該順著自己的天賦去成長。

在四個學年裡，第一學年是用來探討設計的基礎問題：我們會仔細討論型態與色彩的問題，同時透過實際練習，讓學生們獲得基礎且本質性的經驗，了解何謂型態，又該如何組合型態。接下來的三年，則會用來解決更實際的問題，甚至實際接案，替經濟、產業、文化等領域的公共機構服務。

一年級生所做的三維作品，
作者：皮洛許卡·科維奇
（Piroska Kovacs）

從第二年開始，學生必須假設自己要與客戶互動，製作一

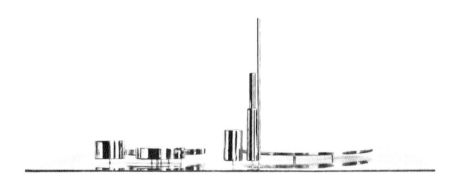

三年級生做的蘇黎世市
輕軌電車路線圖提案，
作者：烏蘇拉‧齊斯林
（Ursula Kissling）

份提問清單，要準備一張文件，內容是對建築師、室內設計師、家具設備商、牆面裝潢、公司概要等等的提問，而且每個問題都必需要有詳細回答。也就是我規定學生必須針對客戶的業務內容、在社會上的成就，甚至在文化上的成就，盡量廣泛並完整地收集各種資訊。在進行這些實作課題的同時，我再透過美學等相關科目的延伸內容來進行教育。

為了讓學生做好畢業後的心理準備，我打算從經濟、產業、文化等領域找來專業人士，與學生們討論各自的工作領域。可惜校長漢斯‧菲許力認為這個計畫是在開玩笑，覺得學生們太過青澀，不夠水準與各界名人對話。但我還是成功邀請到美國的前衛作曲家約翰‧凱吉（John Cage），他那時演奏了自己所作曲的預置鋼琴（Prepared Piano）[52] 樂曲，提供一個機會讓學生更貼近音樂這項藝術。另外還有印度的西塔琴樂手拉維‧香卡（Ravi Shankar），替我們表演了他偉大的藝術。

---

[52] 由凱吉所發明的一種鋼琴演奏技法，在事前將螺絲釘、鐵片、橡皮、塑膠等物品夾置於琴弦上，改變鋼琴在彈奏時的音色，凸顯鋼琴的打擊樂元素。

我讓漢斯·菲許力到我們班上，看看一年級生的三維物件作品，看他大感驚訝的神情，我就知道他一開始便看扁了十七歲學生們的本事。這項課題，是設定八個邏輯上尺寸均衡的圓圈，其中加入一個三維要素。我要求學生自己決定使用什麼系統的方法、材料、大小與顏色，來達成這項課題。

菲許力不僅是建築師，也是知名的具象畫家與雕刻家，卻站在學生的作品前面，訝異地問說這是馬克斯·比爾的作品嗎？還是巴西雕刻家瑪莉·維拉（Mary Vieira）的作品呢？我說這都是學生的作品。剛開始他還以為我在捉弄他，但最後終於明白我是說真的。從此以後，菲許力就全力支援我的教育方法。

拉維·香卡，印度西塔琴樂手

亞普利亞區

一年後，我認為師生已經充分互相理解，所以舉辦了一場團體研習之旅，前往南義大利的亞普利亞（Apulia）區。途中經過阿雷佐（Arezzo）時，我們參觀了聖法蘭西斯卡教堂的大禮拜堂，裡面有皮耶羅·德拉·弗朗切斯卡（Piero della Francesca）的濕壁畫。圖拉尼、盧沃、巴里等地的

與約翰·凱吉對談

老教堂也吸引了我們的注意力，它們的外觀造形美妙，內裝也令人印象深刻。在阿貝羅貝洛（Alberobello），我們則參觀了有著圓圓頂的美麗土洛屋（trullo），這是當地知名的傳統民房。

這趟有攝影師漢斯‧芬斯勒（Hans Finsler）與我們同行，是我們的榮幸。學生們從他身上學到一個攝影師是怎麼用心處理要拍攝的題材，拍攝行為又有多麼重要。學生們按快門的次數多到數不清，但芬斯勒證明，只要少少幾次快門就能拍出有價值的優秀照片。他的照片具備藝術性的主題選擇，完美的光影對比，讓我們都深深著迷。

第二趟的研習之旅在 1959 年舉辦，我們沿途參觀了德國南部的哥德與巴洛克建築、烏爾姆造形學院、法蘭克福的百靈牌（Braun）工廠、司徒加特的拜森霍夫（Weissenhof）社區、卡斯魯爾（Karlsruhe）南部的丹莫斯圖（Dammerstock）社區、埃貢‧艾爾曼（Egon Eiermann）教授的建築作品（佛茨海姆［Pforzheim］的天主教堂、布魯門堡［Blumberg］的工業建築），最後一站則停留在於多瑙艾辛根（Donaueschingen）參加了兩天的現代音樂節。

亞普利亞的街景
（義大利南部）

蘇黎世應用美術學校平面
設計班的學生報紙 p.1

蘇黎世應用美術學校平面
設計班的學生報紙 pp.4–5

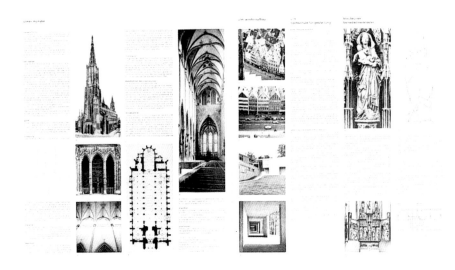

當時的學生報紙，是由平面設計班的學生寫文章、拍照片、畫插圖，再由贊助人出資印刷發行。

我的教育方法受到部分人士的強烈批判，主要反對派是基礎班與字體學的老師。他們抱怨我的課程沒有傳統與藝術上的傳承，而我的同事也不支持我，應該是認為我的做法難免要挨罵吧。我有明確的證據與理論，但放棄與他們做對，教了四年就決定離開那個講堂。

在蘇黎世應用美術學校任教四年的經驗，讓我起心動念想要完成一項改革計畫。我針對基礎課程、攝影、室內設計、文字設計、金工、服裝設計等課程，研究專業教育的成果，並獲得了學校與附設美術館的廣泛知識。在這項改革方案中，我首先主張要廢掉幾個專班，將金工與室內設計整合為工業設計班，再搭配文字設計班，就能與產業界無縫接軌，實現更高水準的大量生產。此外，這項改革方案也提出廢除時尚服裝設計班，因為服裝設計根本無法傳達任何基本造形理念。

圖書館與美術館也需要改革。在我看來，圖書館必須進行基礎且充分的檢查，一些過時的造形相關書籍應該退位，換成設計理論、設計培育、設計實踐、符號論、意義論、電腦科學、現代建築等新作品，還要來些都市環境計畫、戲劇、歌劇、現代音樂等等的新書。

學校旁邊的附設美術館，當時完全沒有美術館應有的方針和計畫，裡面辦的展覽幾乎都是隨興為之。美術館的使命，在於徹底鑽研現代設計理論，並探討廣義的計畫與環境問題，來補足學校教育。而為了讓這個觀點更明確，必須舉辦國際性的座談會、講座和會議。

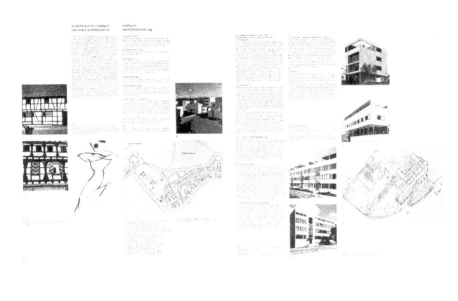

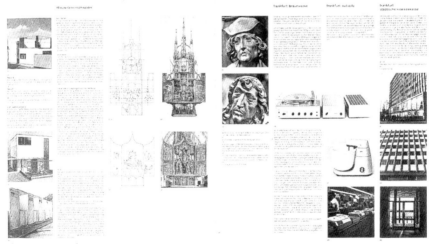

上／
蘇黎世應用美術學校平面設計班
的學生報紙 pp.6–7

下／
蘇黎世應用美術學校平面設計班
的學生報紙 pp.8–9

由於我提出這項改革方案，同時在學校進行教育活動，幾年後蘇黎世市教育局長問我，有沒有興趣經營學校？但我提出的條件——廢除四個專班，並解雇所有教師——讓我毫無機會。一年後，巴塞爾的美術工藝學校也問我這個問題，但我還是敗給了自己的條件。教書多年、缺乏實務經驗的老師，做為自由設計師的能力已經乾涸了，這是我要解僱所有教師的理由。為了重新驗證自己在自由市場上的能力，教師最多教個五年就該離職了。

1960 年，我也是歷經四年教職之後就主動解約。而且我在應用美術學校任教的期間，校方破例讓我成為第一個擁有工作室與五名員工的老師。我感覺到，投入工業、經濟、文化機構的委託案，可以讓學校教育更豐富。

在日本的教育

1960 年，我剛離開學校之時，有幸受邀參加在東京舉辦的世界設計會議（World Design Conference，WoDeCo）。這場會議聚集了從世界各地前來的建築師、產品設計師、平面設計師、攝影師、教師等，讓眾人發表自己的理論與技術，讓與會者能夠好好概覽其代表的職業領域的國際情勢。這場會議的收穫，就是專業觀點與新的人際關係。我受邀發表在蘇黎世應用美術學校所實踐的教育方法，烏爾姆造形學院校長，也就是日後邀請我的奧托・艾舍 [53] 也是其中一位與會者。而就在此時，東京與大阪的設計學校剛好也邀請我去上課。

---

[53] 奧托・艾舍
（Otl Aicher，1922-1991），
德國著名平面設計師，被譽為
是二十世紀最具影響力的
設計師之一，創辦與包浩斯齊名
的烏爾姆造形學院，亦是企業
識別的創造者與開拓者。

世界設計會議
（東京，1960 年）

在世界設計會議中擔任
會長的赫伯特・拜耳

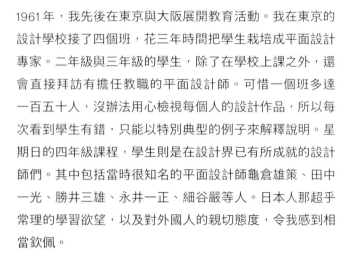

1961 年，我先後在東京與大阪展開教育活動。我在東京的設計學校接了四個班，花三年時間把學生栽培成平面設計專家。二年級與三年級的學生，除了在學校上課之外，還會直接拜訪有擔任教職的平面設計師。可惜一個班多達一百五十人，沒辦法用心檢視每個人的設計作品，所以每次看到學生有錯，只能以特別典型的例子來解釋說明。星期日的四年級課程，學生則是在設計界已有所成就的設計師們。其中包括當時很知名的平面設計師龜倉雄策、田中一光、勝井三雄、永井一正、細谷嚴等人。日本人那超乎常理的學習欲望，以及對外國人的親切態度，令我感到相當欽佩。

在東京教了幾個星期的課程之後，我前往由塚本英世擔任校長的浪速短期大學（現為大阪藝術大學）教課。這裡的學生也是嚴謹又勤學，並取得相應的成果。我和塚本英世培養出深厚的友情，直到他英年早逝為止。出生於韓國的塚本英世，是一位堅定朝著目標夙夜匪懈努力的人，令人動容。

在大阪教課（1960 年）

塚本曾經是小學老師，先成立了幼稚園，之後又成立了設計教育課程的學校，我就是去那裡教課。後來他又買了大阪郊區的土地，成立了一所藝術大學（大阪藝術大學）來教導藝術、設計、攝影、建築、音樂等等。大學成立的隔年，我就受邀去擔任教師。大學裡面設置了藝術資訊中心與大阪藝術大學博物館，大阪藝術大學博物館在我妻子吉川靜子的協助下，開啟了「現代歐洲構成主義藝術」的展品收藏專案，並委託我們夫妻所成立的湖畔街藝廊，去歐洲收購對應的藝術品。直到 1990 年為止，我們仲介了超過七十位歐洲藝術家，按照具體的、建構式的方針來收購作品。

大阪這個城市的文樂（偶戲）歷史相當悠久，從文樂劇場草創期開始就有一派操偶派，嫡傳的操偶大師第四代吉田文五郎當時九十一歲，他告訴我操偶的祕訣，還破例送我一具一百三十公分高的人偶。我深深感受到這門技術，要求非常高超的精神力與技術力。每具人偶由三個操偶師操作，操偶師巧妙的操作，搭配依古法精心製作、完美又平衡的人偶，讓劇中的人偶們迸發強烈的生氣。即使貼近去看，人偶感覺也像是活生生的人，能夠表現歡樂、感慨、俏皮、惡意。據說在將近五百年的文樂歷史中，文樂偶戲的基本特質幾乎毫無變動。

京都的能劇場

沒有課的時候，我常常去京都的能劇場看戲。能劇舞台的背景上畫著形式化的老松樹，那形式之精準令我讚嘆。幾名樂手坐在松樹前奏樂，右手邊坐著三、四名歌者，身穿藍衣。能劇演員會按照劇目穿上不同的服裝，臉上戴的能面具有著強大的表現力，演員按照形式化的規矩，在舞台

在浪速短期學校
（現為大阪藝術大學）
平面設計班上課
（口譯：吉川靜子）

上悠然邁步。演員的一舉手一投足，都散發著能量與緊張感，面具則看來栩栩如生。我有好幾次坐在舞台正前方的座位，想要找出這偉大藝術的祕密，可惜都是徒勞。某次，我有幸能夠親手拿起欣賞一批被搬出能劇場舞台道具室的能劇服和面具，這些服裝與面具有著幾百年的歷史，我只能套著白手套去拿。四周瀰漫莊嚴肅穆的氣氛，我大概有一個多小時，連句話都說不出來。

在塚本英世的介紹之下，我在京都見到了當時最老的能面打師（能面雕刻師）北澤如意，他居住在寺廟中。在他前面，擺著一只塚本英世訂製來送我的能面。北澤對我解釋能面的雕刻技巧、線條造形，以及獨特的上色技術。他說這項藝術已經傳承數百年，要學到根柢實在難如登天，所以傳統的面具雕刻師正在逐漸凋零。

在我教課的最後一年，大阪藝術大學的學生們也請了一位大師雕刻能面來送我，我比較了這兩只面具，發現兩者在藝術面上截然不同。北澤如意的面具散發一股神祕的生氣，而學生們送我的面具，則沒有任何神祕的地方。

左／
與文五郎先生對談

右／
文樂人偶，
高約一百三十公分

京都的能劇舞台

航海回返歐洲

從東京到大阪的教學工作結束之後，我決定搭貨輪回到歐洲。從日本上船的時候，船上只有我是乘客，到了新加坡才多了個德國地質學家。這位先生告訴我，這趟航程要花兩個月，因此我打算利用這趟悠哉的航程專心執行許多工作，不被其他人打擾。同時，我也想好好回顧多年來的匆忙歲月，確認自我。在行李中，我也帶了兩、三本非常想讀的書。但之前想像在海上航行的時光會很單調，結果實際上發現海象瞬息萬變，那迷人的神態抓住我不放，害我所有時間幾乎都在甲板上度過。貨輪抵達日內瓦的時候，我勉強只讀了一本書、畫完一張草圖而已。

在新加坡港，我第一次看到海豚優美的舞姿，那光景令我久久驚嘆不已。當時我看到的新加坡已經有很多徵兆，顯示它未來會成為一個重要的大都市。高樓大廈林立，對老舊的街景造成決定性的影響。我在港邊下船，發現一家布行有賣便宜的絲絹，就敗給了誘惑。我被一匹布料的美妙色彩與花紋給迷住，經過好一陣子死纏爛打的談價，勉強讓我殺了一點價錢，但是回到蘇黎世鑑定這匹布，發現竟然是人造纖維布料，而我當然就是買貴了。想不到我買到了人造纖維布，還以為自己撿了便宜，真好笑。

烏爾姆造形學院

1962 年秋天，我在烏爾姆造形學院開始了為期一學期的教學活動。大學的建築規畫相當有功能性與獨創性，即使我在大學教課待了幾個月，從走廊上看出去的光景還是充滿變化，給我意想不到的印象，實在佩服。建築物是以普通建材搭建，無論整體或細節，都是由樸實無華的實用觀點去塑型。從校舍大樓可以欣賞到學生宿舍大樓與連通走廊的接點，建築之間的高低差形成的繽紛節奏，起起落落

烏爾姆造形學院的
空照圖

的校舍配置，高低起伏的地形造成建築之間的高低差，讓
人看了就著迷。

在我所任教的視覺傳達系上，學生們立志成為文字排印
師、平面設計師或產品設計師。和在蘇黎世一樣，我在這
裡也專注在教導學生理解排版原則的美感，對於能夠客觀
傳達事實的廣告的興趣，含意深遠的色彩運用，構成巧妙
的即物攝影，以及精心雕琢、毫無多餘的構圖。與這堂專
門課程同步進行的，還有與建築系學生們討論空間設計的
問題──比方說給學生一個空間，請他們用幾個二維或
三維的元素，在空間中打造出既有張力又均衡的布置。這
項課題的本質就是在打造空間的過程中，要讓每個部分互
有關聯，創造出充滿生命力的關係。

在短暫的教課期間中，我發現教學與行政之間的關係變得
相當緊張，教授之間也有同樣的情形。我心想這所大學應
該撐不久，因此婉拒了教學合約的續簽。

與烏爾姆造形學院的
建築系學生對話

烏爾姆造形學院視覺
傳達系學生瑟通奇‧
培卡林所設計的圖案

60 年代

60 年代初期，我認識了菲利浦‧羅森塔爾（Philip Rosen-
thal），羅森塔爾在二次大戰結束後，於巴伐利亞邦的塞
爾布（Selb）繼承了羅森塔爾公司。羅森塔爾委託我開創
該公司的企業識別系統，我所提出的企業識別包括了印刷
品、包裝、展覽會所使用的字體、照片的使用概念及網格
系統。大膽又充滿想像力的羅森塔爾，立刻就支持我的新
方針。他對設計案的適當反應，對我又充滿信任，是雙方
建立合作關係的理想基礎。

我總是希望透過提案的設計內容，以及指名能夠實現該設
計的設計師，對產品的實際樣貌與裝飾的品質做出貢獻，
可惜並非每次都能實現這樣的心願。菲利浦‧羅森塔爾對
公司產品形象有所堅持，我完全無法破除。但即使我們對
產品評價有根本上的差異，仍不影響我們的友情。

當羅森塔爾要重建陶瓷工廠時，我建議可以委託曾擔任
過包浩斯校長的建築師——華特‧葛羅培 [54]。羅森塔爾同

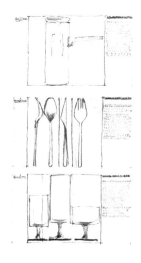

左／
羅森塔爾公司的廣告草圖

右／
羅森塔爾公司的插花廣告

羅森塔爾公司要在
德國塞爾布（Selb）成立
新陶瓷工廠，此為
華特・葛羅培的企畫案

意，請我去找葛羅培洽談。葛羅培當時正在紐約知名的
建築公司 TAC，我寫了一封信給他，沒過多久他就來到
紐倫堡。我們一起轉機前往塞爾布的途中，我說如果他能
提供文本與相片，我就能出版一本書介紹他本人與他的事
業成果。一年後，這本書就由瑞士的阿圖亞・尼格立公司
（Arthur Niggli）出版了。

華特・葛羅培與菲利浦・羅森塔爾的第一次會談相當順
利，雙方當場簽約。幾個月後，葛羅培就帶著新工廠的模
型回來，我則是向慕尼黑的記者們大力宣傳。迴響相當熱
烈，畢竟這是葛羅培在二次大戰後的德國所設計的第一座
建築。羅森塔爾的建築合約，成功將葛羅培重返德國，這
讓我心滿意足。兩人很快就成了好友，羅森塔爾更聘請葛
羅培主導玻璃工廠的建設。葛羅培則是更感謝羅森塔爾能
夠擔任位於達姆施塔特（Darmstadt）的包浩斯資料館館
長，後來這座資料館搬去柏林了。

羅森塔爾與產品設計師們都相當親近，他常常邀請設計師

54　華特．葛羅培
（Walter Gropius，1883-1969），　德國建築師、教育家，包浩斯學院
創辦人。

於塞爾布陶瓷工廠，
菲利浦・羅森塔爾向
華特・葛羅培介紹
瓷器製品

們前往美麗的度假勝地，有一次我就跟大概十五位藝術家受邀前往埃及，參加尼羅河之行。但這些假日當然也是工作日，我們白天在船上思考新陶瓷產品的設計，晚上就討論產品的價值。即使如此，我們還是有時間參訪了許多埃及的古蹟。

菲利浦・羅森塔爾在我認識的工業企業家中，算是最有特色的人了。他充滿創意，又有極具膽量去挑戰各種瘋狂的嘗試，並且還是個登山狂、飛行狂，甚至擁有一座小而獨特的艾凱洛特城堡（Schloss Erkerreut）。他完全相信自己的見解，毫不懷疑，但也能接受批評。在羅森塔爾的主導之下，總共有德國、法國、芬蘭、瑞典、丹麥、荷蘭、英國、義大利、瑞士等國家的二十一家企業攜手合作，一同成立了「Gruppe21」團體，企圖透過優秀的設計產品來推廣並提升餐桌文化。他要我透過廣告、傳單等印刷品，甚至是展覽會的舉辦來宣導「Gruppe21」的思想。然而經過熱情的草創期之後，「Gruppe21」最後卻因為各方勢力的見解產生分歧，仍邁向解散的命運。

羅森塔爾與設計師們
搭船遊尼羅河

同樣在 60 年代初期，我間接透過產品設計師漢斯・茲考普（Hans Sukopp）認識了德國工業界的另一位知名人士，那就是來自巴登－符騰堡邦施文狄鎮（Schwendi）的參議員麥斯・拜斯豪普特（Max Weishaupt）。我的工作就是改造他的公司外觀，改得更有明確特色，就像脫胎換骨一樣。拜斯豪普特不僅接受我的提案，而且對我完全地信任，彷彿堅信提案必定會實現。這件案子的合作夥伴們都嚴格遵守概念，因為在排版或印刷品質上有任何小小疏忽，都會讓他震怒。

左／
Gruppe21 的傳單

右／
Gruppe21 的廣告

菲利浦‧羅森塔爾

我向拜斯豪普特介紹了具體藝術（concrete art）的作品，並推薦他買了許多相關收藏，才過了幾年，他就已經擁有德勞內[55]、比爾[56]、洛斯[57]、格拉納[58]、阿爾普[59] 以及許多藝術家的大批藝術收藏品了。70 年代，我對他建議請密斯‧凡德羅設計來打造一座小美術館來展示具體藝術，並且推薦日本建築師丹下健三來打造全新的工廠。可惜，這兩項提案都沒有實現。

麥斯‧拜斯豪普特英年早逝，由他的兒子齊格菲接掌事業，齊格菲繼承了父親的創新天賦，成立新的分公司與門市，讓他的公司走向國際，事業規模也明顯擴張。

---

[55] 羅伯特‧德勞內
（Robert Delaunay，1885–1941），法國抽象派畫家，被認為是前衛抽象藝術的先驅之一。

[56] 指馬克斯‧比爾
（Max Bill）。

[57] 指理查‧保羅‧洛斯
（Richard Paul Lohse）。

[58] 弗里茲‧格拉納
（Fritz Glarner，1899–1972），美籍瑞士畫家，為具體藝術的倡導者，也是知名荷蘭藝術家蒙德里安（Piet Mondrian）的弟子。

[59] 指蘇菲‧陶柏－阿爾普
（Sophie Taeuber-Arp）。

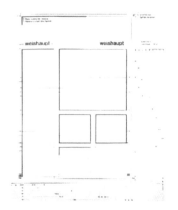

左／
網格概念

右／
拜斯豪普特的油品
與噴燈廣告

麥斯・拜斯豪普特的紀念
圖錄封面展開圖

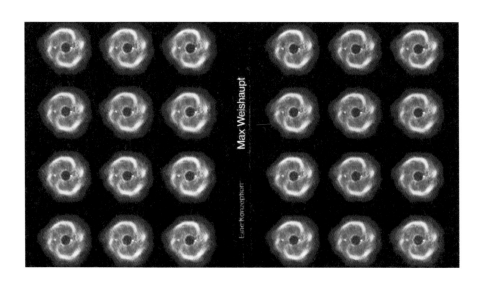

1964 年世界博覽會 (EXPO 64)

為了迎接 1964 年的瑞士世界博覽會「Expo 64」，馬克斯·比爾請我負責「造形與設計」展區的建築設計。這個展區大部分空間分配給「教育·科學·研究」專區，探討的主題從家庭問題到大學，再到科學與研究，涵蓋所有教育領域。而且還有一座青年實驗館，是獨立出來的展區。

馬克斯·比爾委託我擔任這個專區的設計師，但他並不贊同我一開始的提案。我的初步提案設計了一間昏暗的大廳，將所有展示品都放在地板上的玻璃櫃裡，而且每座玻璃櫃都會發光。參觀者會在展示空間中參觀一座又一座的玻璃櫃，就好像陰暗空間中的地板浮現出許多光柱，營造一種神聖的、專注的、神祕的氣氛。我的下個提案還是保持空間的陰暗，但把展示品改收在不透明的箱子裡，從內部打燈照明。展品的解說則是印在透明薄膜上，放在玻璃底下。大廳的天花板會吊掛一面六乘三公尺的銀幕，上面

瑞士世界博覽會
「教育·學問·研究」
專區的青年實驗館
（洛桑，1964 年）

投射不斷變化的影像。

青年實驗館設有生物學、化學、數學等實作空間，獲得非常多年輕人的讚賞，所以在世界博覽會結束之後，遷移到蘇黎世的斐斯塔洛齊基金會（Pestalozzianum）繼續營運。實驗館在幾年前擴建，合併到了溫特圖爾（Winterthur）科學博物館中。

瑞士世界博覽會
「教育・學問・研究」
專區的外牆
（洛桑，1964 年）

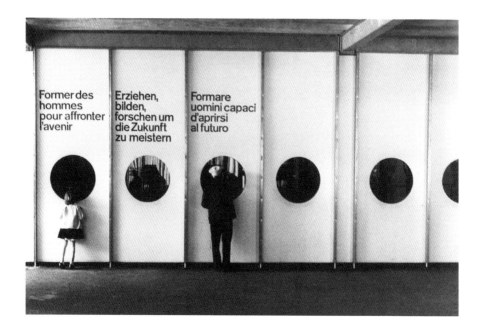

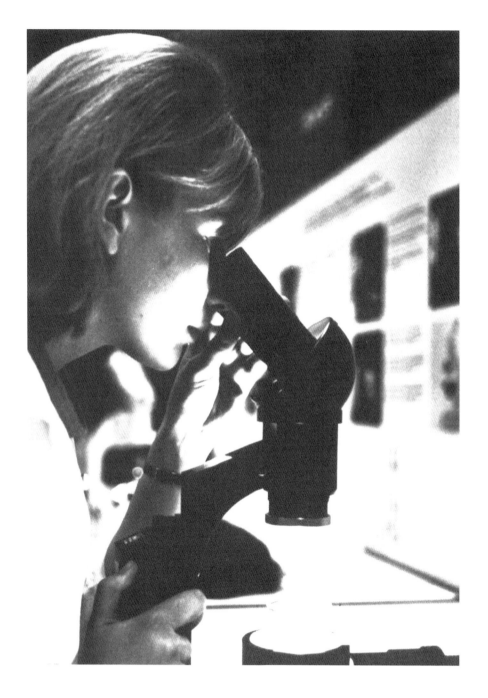

瑞士世界博覽會「教育・學問・研究」專區的青年實驗館（洛桑，1964 年）

訂購卡爾・維瓦列里
（雕刻家兼畫家）的
雕刻作品

費雷娜・穆勒－布洛克曼之死

1964 年秋天，與我結髮二十一年的妻子費雷娜，因為車禍而身亡。為了紀念與費雷娜之間的回憶，我請路易吉・諾諾（Luigi Nono）與卡爾海因茲・史托克豪森（Karlheinz Stockhausen）來作曲。諾諾答應了，但史托克豪森當時人居住在日本，所以推薦我去找他在科隆電子音樂研究所的朋友約翰斯・G・弗里奇（Johannes G. Fritsch）。我又找了米蘭的賈柯莫・曼佐尼（Giacomo Manzoni），還有札格雷布（Zagreb）的伊沃・馬列克（Ivo Malec）來作更多曲子。路易吉・諾諾所做的〈森林充滿年輕生命〉（A Floresta e Jovem e Cheja de Vida）一曲是首反對越戰的吶喊，1966 年在威尼斯雙年展的國際現代音樂節首次演奏。翌年，我在米蘭的莉莉可戲院聽到了這首曲子。伊沃・馬列克的曲子，則是獲選為巴黎歌劇院的芭蕾舞演出樂曲。

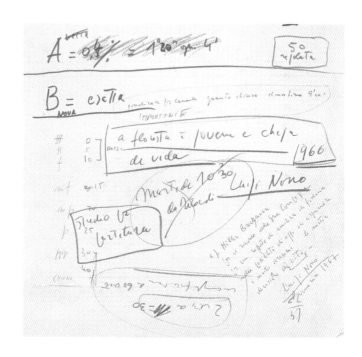

路易・諾諾的樂譜
（1965 年）

費雷娜・穆勒－
布洛克曼

1968 年，我借出了這四人的樂譜，想請蘇黎世音樂廳協
會演出這些曲子，但協會說這些作品太難理解，而且需要
太多時間練習，所以退回了樂譜。音樂廳的回應就是當時
音樂經理人的典型回應，充滿了保守又缺乏創造性的心
態。所以很遺憾，我從來沒聽過伊沃・馬列克、約翰斯・
G・弗里奇、賈柯莫・曼佐尼所做的曲子。

我與羅伯特・朗特利歐
（Roberto Lanterio），
於 IBM 義大利總部

IBM 設計顧問

1967 年，我被任命為歐洲 IBM 設計顧問。我的工作，是對西歐各國所有的 IBM 設計師、平面設計師、攝影師、展場設計師提出具批判性的建議，每年至少會有一次當面與這些人談他們的工作。他們會向我說明自己的工作成果，接著我們會一起研究這項成果的文字排印、攝影、構成等部分有沒有弱點，並討論有沒有更好的解決方法。設計師們幾乎都沒聽過功能性的文字排印、攝影或構成，所以首要在於讓他們搞懂所謂的網格系統。短短幾年後，IBM 大多數出版品都使用了網格系統。

IBM 為了促進設計師們的團結，每年都會在歐洲各城市舉辦研討會。有時候因應特定主題，會邀請演講貴賓參加，像是義大利設計師布魯諾・莫那利（Bruno Munari）、色彩學家盧夏教授（Prof. Dr. Lüscher）、藝術理論家貝戎・布羅克（Bazon Broock），還有柏林包浩斯資料館長馬利歐・溫格勒（Mario Wingler）。在研討會中為了達成設計師的實作教育，會優先安排連續多日的會議行程。

IBM 的設計顧問工作讓我在文化視野上與人際上均有所獲得。比方說在巴塞隆納，我看到了安東尼奧・高第的青年風格建築、畢卡索美術館、米羅美術館、羅馬式藝術

辦於義大利瓦雷茲
（Varese）的 IBM
研討會

「為企業平面設計師與專業人士所定期舉辦的短期研討會，從 1960 年代後半到 80 年代初期間，幾乎都是由歐洲 IBM 設計顧問約瑟夫‧穆勒－布洛克曼所主導。透過研討會認識同行，就像做研究一樣，有助於討論設計內容。講座上會針對整體的設計成果進行分析設計與溝通，討論是否符合企業的全球形象。約瑟夫‧穆勒－布洛克具有獨特的人格與職業特性，而且會不斷努力去『翻新』溝通的形態與內容，如今依然會對那些曾與他交流的人提供珍貴的經驗。」——摘自〈相遇〉，《設計與溝通》（*Design and Communication*），1970 年。

「能聽到羅伯特‧朗特利歐如此稱讚我在歐洲 IBM 的設計顧問活動，實在是非常開心。因為他除了是一位天賦異稟的聰明設計師，又是一位厲害的自由插畫家，是我打從心裡非常尊敬的人物。」——摘自《IBM Italia》，1993 年

（romanesque）美術館；在柏林，我看到包浩斯資料館，還有 20 年代的現代風社區；在蘇黎世，我看到勒‧柯比意中心；在米蘭則認識了義大利科技公司 Olivetti 的設計師們。這些機緣，給了我從文化觀點檢討反省的時間。

這場每年例行的研討會有個幕後的大功臣，就是創造 IBM 商標與 IBM 全球企業識別專案的美國設計師──保羅‧蘭德。他年輕時就已經是享譽國際的平面設計師，他的著作《Thoughts on Design》、《A Designer's Art》也是一樣知名。

隨著時間過去，瑪麗安與保羅夫妻倆和我們夫妻倆，發展出深厚的友誼。每年夏天，蘭德夫妻都會到蘇黎世拜訪我們。瑪麗安曾經是紐約 IBM 藝廊的總監，辦過許多美妙的展覽，尤其是「伊姆斯夫婦」[60] 展、攝影師「漢斯‧芬斯勒」[61] 展，以及紐約第一場「瑞士具體藝術家」展。

我每年至少會造訪一次歐洲各地的 IBM 分公司，包括巴黎、馬德里、阿姆斯特丹、哥本哈根、斯德哥爾摩、赫爾辛基、奧斯陸、蘇黎世、米蘭以及維也納。我不僅熟悉這些城市，也很快就熟悉了各地的舊書店。忘了是哪一天，我在大半夜經過一間小又不起眼的舊書店，透過櫥窗往裡面看，發現兩本老舊泛黃的雜誌，那是奧地利現代建築先鋒阿道夫‧魯斯（Adolf Loos）在 1903 年發行的《他人》（*Das Andere*）。隔天早上，我為了成為首先取得這寶貝的

---

[60] 查爾斯‧伊姆斯
（Charles Eames，1907–1978）
和蕾‧伊姆斯（Ray Eames，1912-

1988），美國知名工業設計師夫妻檔，作品涵蓋了家具、建築、影像與平面設計。

[61] 漢斯‧芬斯勒
（Hans Finsler，1891–1972），
瑞士攝影師。

保羅·蘭德與瑪麗安
夫人（羅馬）

人，準時八點鐘就站在店門口。我在阿姆斯特丹，也經歷
了相同的好運，當時也是半夜，竟然在伊拉斯謨舊書店發
現《Kunstismen》這本書，我簡直不敢相信自己的眼睛。
幾天後，我就擁有了這本 1925 年出版，由艾爾·李希茲
基與漢斯·阿爾普（Hans Arp）所寫的美妙宣言書。

穆勒－布洛克曼公司

1963 年，在羅森塔爾公司宣傳部長的建議之下，我在紐
倫堡與一位年輕的德國合夥人成立了廣告代理商。這家代
理商卻在日後解散了，是因為我完全無法直接監督員工。
1967 年，這家代理商的任務，最後由年輕合夥人麥斯·巴
提斯（Max Baltis）、彼得·安德麥特（Peter Andermatt）、
列迪·盧耶格（Ruedi Ruegg）於蘇黎世新成立的代理商穆
勒－布洛克曼公司（Müller-Brockmann & Co.）所接手。當
時，我原本希望增加員工可以提升業績，但實際上要跟
十五個員工，以及四個與我權利相同的合夥人一起工作，
實在是不可能的任務。如果只有三名員工，我也許還能找

出充分的時間來仔細討論製作過程、指示必要的工作架構，然而當團隊超過這個人數時，就難以辦到了。再加上合夥人之間對工作抱有的願景都不同，意見時常相左，導致八年後合夥關係的結束。

蘇黎世機場的
B 航廈

左／
斐勒有限公司（Feller AG）
的廣告（瑞士）

右／
蘭姆公司（Lamb）的造紙
機械廣告（瑞士）

Des contacts pleins de tension.

Ein Lamb System für Formatpapier

直到 1965 年逝世為止，
家母一直都是我們家
的核心

馬克斯・比爾與漢斯・
諾伊堡（湖畔街藝廊）

藝廊 58／湖畔街藝廊

1965 年，我的建築師友人克魯特・斐德勒（Kurt Federer）
和奧根・斐德勒（Eugen Federer），在家母所有的拉珀斯
維爾舊市區民房成立了「藝廊 58」（galerie 58）。藝廊 58
的成立主旨是要推廣具體藝術與構成主義藝術，成立的
第一年，介紹了瑞士在這些領域的先鋒，包括馬克斯・比
爾、理查・保羅・洛斯、韋莉娜・雷班斯堡 [62]、卡米爾・
葛雷薩 [63] 的作品，還舉辦過約瑟夫・亞伯斯 [64] 的展覽。
我喜歡這種藝術是有原因的，就是讚嘆具體藝術家的能
力——他們不會偏頗於肉眼所見的世界模樣，而且屏除
所有與理解創意沒有直接關連的要素，將印象與創意改換
為幾何學的形狀。要達到這個境界，必須對形狀與顏色的
定律具備正確知識，還要有特別的想像力。

我對具體藝術很著迷，所以除了在藝廊辦展覽之外，還辦
起各式各樣的活動。1967 年，紐約的 IBM 藝廊在我的建
議之下，辦了「瑞士具體藝術派」展覽，這是美國史上第

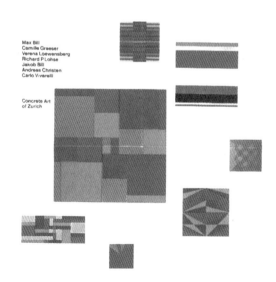

保羅・蘭德所設計的
「蘇黎世具體藝術派」
展覽邀請函
（紐約，IBM 藝廊）

「藝廊 58」為了具體
藝術與構成主義藝術
所成立的藝廊
（1965 年開幕）

藝廊 58 在 1974 年改名
為「湖畔街藝廊」，
營業至 1990 年結束

一場具體藝術展。1973 年，我跟芬斯勒所策畫的「攝影師漢斯‧芬斯勒」展就辦在我們的藝廊裡，之後巡迴到 IBM 藝廊續辦。德國的勞普海姆藝術協會也在 1974 年辦了場展覽，首次介紹蘇黎世的具體藝術家。這場展覽規模不大，但內容有啟發性，介紹韋莉娜‧雷班斯堡、馬克斯‧比爾、卡米爾‧葛雷薩、理查‧保羅‧洛斯的作品，以及它們背後的觀點本質。主題選擇、海報與邀請函的設計，都是由我負責。

在創辦藝廊的幾年之後，克魯特和奧根‧芬德勒退出了共同營運團隊，我趁機將藝廊的名字搭配地址，改名為「湖畔街藝廊」（galerie seestrasse）。我姊姊伊妲負責經營藝廊，么弟克里斯坦處理組織與營運上的問題。克里斯坦多年來全力支持我的活動，他身為建築學士，客戶遍及市政府、州政府與中央政府，獲得各界人士的廣泛信任，而且有閒暇就勤奮研究西洋哲學，直到後來罹患重病於 1992 年逝世為止。藝廊之所以能持續營運下去，都是多虧了我的姊姊和弟弟。克里斯坦的妻子瑪格麗特，對我提供實務援助，至今依舊不變。吉川靜子也是全心全意地幫助我，替巴塞爾和杜塞道夫的「藝術」展售會規畫專案、安排展

在 IBM 藝廊舉辦的蘇黎世
具體藝術家展，有比爾、
洛斯、雷班斯堡、維瓦列
里的眾多作品
（紐約，1967 年）

a f
3
e   z   v   i l

b
g
g
h
l
l

zürcher
konkrete
kunst

e
n
m

d   a   i g   3
f
1

am   freitag
30. november 1979, 19.30 uhr
einladung   zur vernissage   in laupheim

bill
glarner
graeser
hinterreiter
loewensberg
lohse

zürcher
konkrete
kunst

schranne
kunstverein
laupheim

die ausstellung   ist geöffnet   30. november bis 22. dezember 1979
freitag, samstag, sonntag
10.30   12.30 uhr, 16.00   18.30 uhr

「蘇黎世具體藝術派」展覽的
邀請函（德國勞普海姆［Laupheim］，
1979 年）

覽事宜、照顧展台等等。

多虧有她一以貫之的規畫，藝廊才能獲得國際性的好評。以財務觀點來看，還算是有盈餘，但也早就猜到不可能靠著經營藝廊變成大富翁。具體藝術與構成主義藝術的表現手法，大眾並不容易理解，必須要有某種專業知識才能充分理解它們的意義，我想這點往後也不會改變吧。

然而我的理想主義已經獲得了充分的回報，因為我透過藝廊，與許多藝術家們建立了珍貴的友誼。

62　韋莉娜‧雷班斯堡
（Verena Loewensberg，1912–1986），
瑞士具體藝術派畫家、平面設計師。

63　卡米爾‧葛雷薩
（Camille Graeser，1892–1980），
瑞士具體藝術派畫家。

64　約瑟夫‧亞伯斯
（Josef Albers，1888–1976），
二十世紀最有影響力的藝術家及教育家之一，原籍德國，早年任教於包浩斯藝術學院，後因納粹迫害移民美國。著有色彩學經典著作《色彩互動學》（Interaction of Color）。

kunstverein   laupheim

ausstellung   schranne

bill
glarner
graeser
hinterreiter
loewensberg
lohse

zürcher
konkrete
kunst

die ausstellung ist geöffnet   vom 30. nov. bis 22. dez. 1979
freitag samstag sonntag
10.30 - 12.30 uhr   16.00 - 18.00 uhr

「蘇黎世具體藝術派」展覽海報（德國勞普海姆，1979 年）

在工作室中努力做
設計的吉川靜子

與吉川靜子結婚

1967 年，我與長年跟隨我左右的好幫手吉川靜子結婚了。
靜子畢業自東京津田塾大學英文系後，曾在東京教育大學
（現為筑波大學）修習過建築與平面設計，後來對視覺傳
達產生興趣，使她前往烏爾姆造形學院就讀。當時我是視
覺傳達系的講師，也就是靜子的老師，發現到她豐富的感
性、知性與創造天賦。她在烏爾姆造形學院結業後，就來
到我在蘇黎世的工作室拜訪。當時我剛好投入瑞士世界博
覽會的「教育、科學、研究」展區相關設計工作，要忙的
事情又多又雜，需要更多幫手，而靜子的可靠與細心，真
是幫了我難以言喻的大忙。

視覺傳達這個領域，終究是無法滿足她。後來，她碰巧遇
到了一個轉機：建築師卡爾‧西基（Karl Higi）委託靜子前
往蘇黎世霍恩格區的天主教區中心，替三面水泥牆做藝術
設計。這項設計案在尺寸與材料上都遇到了困難，她卻提
出了創新的方案來解決，於是，透過這份第一次的個人接
案，她證明了自己的藝術天賦。這次的水泥牆面設計，對
靜子來說是她成為藝術家的開端。後來她將這個創意繼續
延伸發展，1979 年於蘇黎世美術館的個展中，孕育出以塑
膠製作的雕版作品。在雕版作品之後，她更進一步發展出
以她學到的造形理論為基底、擁有垂直與水平構圖元素的
繪畫。1978 年，馬克斯‧比爾在東京的南畫廊為靜子舉辦
個展，並在圖錄的前言提到，「她的作品完成度極高，成
功結合了日本的傳統與我們這個時代的構成主義思想」，
對靜子的作品可說是讚不絕口。

之後，靜子就以日本人特有的專注力來鑽研構成主義的造
形概念。80 年代末，她試圖剖析自己藝術家身分中的「日
本人」元素是什麼。1993 年，她在日本以及自己的工作室

裡拍攝了影片，透露出一個藝術家的成長歷程，說得非常
細膩且充滿感性。

我由衷讚賞她的藝術成果，並以最高的關切去見證她所創
造的造形表現。

1974 年，我們成立了會員制的社團「湖畔街藝廊之友」，
這個社團每年固定會舉辦會員之夜，邀請藝術家或藝術史
家來演講，演講題目大多是關於具體藝術及構成主義。

吉川靜子《自無所生的能量》
（1991/92 年）

1990 年 10 月，湖畔街藝廊舉辦了它最後一場展覽。這場展覽，展示了過去展示過的小型作品。會員之夜則是邀請到藝術史家基德‧馬尼亞瓜尼奧（Guido Magnaguagno）以多元觀點來講述構成主義藝術，在拉珀斯維爾長達二十五年的藝廊活動就此結束。1991 年起，藝廊活動轉移到溫特恩格斯特林根的伯格街 15 號，也就是我們的住家。

我們的住家落成於 1975 年，要是能夠委託勒‧柯比意來設計就太好了，可惜當時他已經逝世，而且連密斯‧凡德羅和理查‧諾伊特拉也不在人世。所以我找上先前的藝廊合夥人克魯特‧費德勒討論，得知費德里希‧佛登堡－吉爾迪瓦特[65] 曾經委託他在約納（Jona）打造了一座漂亮的房子。於是他替我們設計了一座鋼鐵與玻璃所組成的立方體建築，外表漆成深棕色，在周遭民房之間格外顯眼，對比強烈。

我與理查‧保羅‧
洛斯，在湖畔街藝廊

70 年代

70 年代，我替工業界、經濟界、文化設施等領域做了幾件很有意思的設計。米蘭的好利獲得（Olivetti）公司有一位行銷部長倫佐‧左爾奇博士（Dr. Renzo Zorzi），他委託我替一部新式的小型打字機設計專用字體。這個專為打字機設計的字體有個特別的制式規矩，就是所有文字的寬度都必須相同。所以像 i 或 l 這種細瘦的字母，前後就會出現過多的空白，我實在無法用造形方法來解決這個矛盾的難題。

65　費德里希‧佛登堡－吉爾迪瓦特
（Friedrich Vordemberge-Gildewart，1899–1962），
德國新塑造主義畫家。

穆勒－吉川寓
（蘇黎世近郊的溫特恩
格斯特林根）

在 70 年代的同時，我也開始與蘇黎世的瑞士藝術研究院
（Institut für Kunstwissenschaft）展開多年的合作。當時的
院長漢斯・魯提博士（Dr. Hans Lüthy），至今和我依然是
摯友。我設計了研究院的商標、信箋抬頭、目錄、書籍，
甚至是在蘇黎世荷姆豪斯所舉辦的創立二十週年慶大展。
這項委託案結束於研究院的出版部門交給新員工負責時，
因為我系統化的設計對新員工來說太嚴格，他無法習慣，
但商標倒是一直沒變過。

我最喜歡的委託案，就是 1973 年由穆勒－布洛克曼公司
接下的案子──替蘇黎世新機場的 B 航廈設計指標系統。
1975 年，則是有瑞士鐵路公司的建設部門，委託我設計所
有瑞士車站的指標系統，整體規模非常龐大。後來我找了
一位在平面藝術與技術上都很高強的幫手──彼得・舒帕
林格（Peter Spalinger），從構思階段開始做設計。如今他
依然在我的監督下，與一個小團隊一起負責這項工作。這
項工作包括要設計一個由電腦控制的活字系統時刻表，其
關鍵在於要根本性地處理電子資料處理特有的問題，將這

新型的 Olivetti 打字機

ABCDEFGHIJKLMNOPQRST
UVWXYZ abcdefghijklm
nopqrstuvwxyz 123456
789 àèéìòùç°§£$&%½＊
.,:;!?()^+_-="'/

新型 Olivetti 打字機用
的字體設計

替瑞士藝術學研究
院設計的兩本目錄
（蘇黎世）

瑞士鐵路（SBB）
設計規範手冊的
封面與內容

個條件整合到設計概念之中。

另一件迷人的工作，就是獲得德國達姆施塔特的「好的形式」活動任命，擔任為期五年的甄選委員，專門負責挑選出當年度具備優越功能與優美型態的工業設計產品。能夠獲選成為一個工業設計領域的專家及美術評論家，我引以為傲。

80 年代

1983 年，伯恩（Bern）美術館策畫了一場關於「具體藝術」的展，要介紹 1910 年到 1930 年之間的先鋒們有何成就，以及目前有何指標性的藝術家。館長漢斯・克里斯多福・馮・達威爾博士（Dr. Hans Christoph von Tavel）希望我對展覽會的構想提出建言。我透過多年來的藝廊活動，認識許多涉及具體藝術的歐洲藝術家。展覽相關會議在我家舉行，我家裡對這個主題的藏書大約有三百本，對增加討論

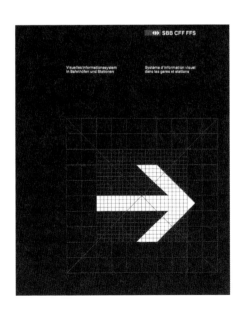

漆上新商標的 SBB 車輛

瑞士車站內部的 SBB 設計規範使用範例

深度大有幫助。我建議在展覽中加入一個項目，就是展示僅用幾何學元素所構成的海報，同時提供了我在 1918 年替烏特勒支（Utrecht）「巴特・馮・德・列克」（Bart van der Leck）展覽所製作的海報，這對展覽的貢獻加分不少。這張海報以簡化的黑、紅、黃、藍與幾何形狀來表現一名騎馬的騎師，是我在十年前從某位藝術家的遺物中找到的。

Trans Atlantic

漢斯・瑪格努斯・恩欽史貝格（Hans Magnus Enzensberger）與加斯頓・薩瓦托雷（Gaston Salvatore），委託我替他們所創辦的雜誌《Trans Atlantic》設計版型。恩欽史貝格希望這本雜誌的方方面面都要與其他雜誌做出差異，但又要和《紐約客》有相同品質，這要求真的是非常高門檻啊。關於文字排印，恩欽史貝格有著非常高超的鑑賞力，因為他的弟弟在慕尼黑就經營著一家活版印刷公司，擁有非常多美麗的活字。

這項委託完全不符合我的原則，我必須深思熟慮，才能決定要不要接下來。之前我只要發現沒有任何條件可實現符合當下「現代化」的解決方案，就不會接受委託。但是這個時候的我卻很想知道，自己能不能對這個完全未知的問題拿出解方，而且用設計戰勝恩欽史貝格的批判眼光？我做了一款設計，即使我知道它並不符合我的文字排印原則，我仍然提交給了慕尼黑的一位女編輯和編輯部。很快地，我的設計就被許多德國的專業人士公開介紹，從雜誌標題、版面設計到新製作的大寫字母字體，專家們一致給出最高的評價。我很滿意自己通過了這項考驗，但另一方面，我也認為自己提出的方案太老氣，就這點來說這款設計算是我的失敗作之一。

「為了藝術」展的海報
（烏特勒支，1919 年）

「幾何學語言」展的
目錄封面（伯恩美術
館，1985 年）

《Trans Atlantic》雜誌
的封面設計

《Trans Atlantic》雜誌
的標準字設計

TRANS ✦ ATLANTIK

ABCDEFGHIJKLMN

OPQRSTUVWXYZ&

*1234567890 *!?*

替雜誌標題設計
的字母

90 年代

1990 年秋天，蘇黎世證券交易所「Börse」委託我設計商標，交易所有著灰色花崗岩的正方形門面，適合使用簡潔、明快、超越時代、優美，也就是不沉重的商標。而且「Börse」幾個字母在白天要在被電線遮擋下還能容易辨識，晚上也得打光打得漂亮。此外，我還要替三道正門的門廳設置導覽看板，說明這裡是交易所、餐廳或店家。我的商標設計案準備了襯線體和無襯線體兩種版本，都調整過大小，最後還嘗試過兩種字體混合。最後被選中的是 Gill Sans 字體。

證券交易所「Börse」
的商標設計
（蘇黎世，1990 年）

「達達全球」的展覽
海報（蘇黎世美術館，
1994 年）

「漢斯・阿爾普與尤
果・巴爾」展覽的邀
請函（蘇黎世美術館，
1986 年）

蘇黎世美術館

1994 年春天，蘇黎世美術館的副館長基德・馬尼亞瓜尼奧委託我替「達達全球」展覽（Dada Global）設計海報。我做了兩款提案，一款簡單明瞭而大眾化，另一款則是充滿設計野心，結果兩款提案都被採用。後來我還設計了第三款海報，用克魯特・修維塔斯（Kurt Schwitters）的拼貼畫《帽子像》（Hut-bild）搭配我的文字排印概念。這張海報後來追加發行，當作美術館的收藏。

結果我為了這場展覽不僅設計了三張海報，還設計了三種不同版面大小的報紙廣告。除了這些工作成果，基德・馬尼亞瓜尼奧和他的妻子雷吉娜・麥里（Regina Meili）夫人還給了我刺激又具批判性的評價，讓我在已經八十歲的 1994 這一年無比地開心。

 hans arp und hugo ball  zum 100. geburtstag

替「達達全球」展設計的報紙廣告案兩則（蘇黎世美術館，1994 年）

dada
global

12. August bis 6. November
1994
Di – Do   10 – 21
Fr – So   10 – 17
18. 9. geschlossen

Marcel Duchamp/Man Ray, Élevage de poussière (Staubzucht) 1920, Fotografie (Ausschnitt)

替「達達全球」展設計的海報（蘇黎世美術館，1994 年）

著作

在 1956 年的亞斯本會議期間，芝加哥一間提歐巴特出版社（Theobald）的發行人提歐巴特夫人建議我出書來介紹自己的作品。我原本計畫在一年後，與夫人在紐約詳談這件事情，可惜因湊不出旅費而作罷，但是我對出書一直很有興趣，所以找上瑞士尼德妥芬（Niederteufen）的阿爾圖瓦・尼格立出版社（Arthur Niggli）來討論。尼格立出版社立刻表示有興趣，所以我擱置許多即將截稿的工作，開始編纂書籍。1960 年 1 月先開始構思、寫稿、整理圖表範例，月底就對出版社提出排版草稿，當年秋天發行了《平面設計師的設計問題》（*Graphic Artist and His Design Problems*）一書。這本書收錄了插畫、文字排印、具備整合性的印刷品設計、網格系統的功能——這本書首次將先前的秩序建立成系統——以及攝影的意義，對這些問題的考察是很重要的。最後一章則附上實例，說明我在蘇黎世應用美術學校擔任平面設計專班教師的時候，是用怎麼樣的教育方法。這本書總共再版了五次。

1971 年，我和妻子吉川靜子一同替蘇黎世的 ABC 出版社策畫了《海報的歷史》（*History of the Poster*）這本書，這是第一次有書用五個主題領域來區分海報——以插畫為

左／
《平面設計師的
設計問題》

右／
《視覺傳達的歷史》
封面設計：吉川靜子

主的海報、提供客觀資訊的海報、構成式海報、實驗性海報、以及系列海報。書中收錄了約三百張海報，幾乎都是彩色印刷，而且分別附上解說。這本書一上市就售罄了，但是由於印刷最多要用上十四色的油墨，成本太高，無法加印（2007 年，由英國的費登出版社出版了平裝本）。

1971 年，我也在阿爾圖瓦‧尼格立出版社出版了《視覺傳達的歷史》（A History of Visual Communication）一書。在此之前，從來沒有一本書是在介紹視覺傳達在整個人類文明中乘載的歷史與意義，而想用視覺圖解的方式來釐清人類對於溝通的欲求，這個概念一直不斷在刺激著我。我的藏書在此也成了指南，給了我必要的資訊。歷經三個月的作業，我收集了許多文章與超過五百幅的圖片。我想，對於有在關注這個主題的讀者們，這本書應該提供了一個得以更深入的研究入口。

自從在 1960 年出版的《平面設計師的設計問題》裡首次探討網格系統之後，我常常在思考一個問題：網格系統的價值，並不僅在於它是個能帶來完美秩序的系統，更是預先包含了所有必要的資訊和指引，能讓我們規畫並完成工作。網格系統對於非常淺白的問題或深奧困難的問題皆可

左／
《平面設計中的網格系統》

右／
《海報的歷史》
封面設計：吉川靜子

應對，如果要讓大眾明白這點，我就應該精確地、帶教育性地對網格系統的變化進行解說。

大約經過兩年的準備時間，從所有的繪圖與實務經驗中選出實例、撰寫文章、排版，我終於完成《平面設計中的網格系統》（*Grid System in Graphic Design*）一書。這本書同時收錄英文與德文，在 1981 年由阿爾圖瓦·尼格立出版社出版。後來，巴塞隆納的古斯塔夫·吉利出版社（Gustavo Gilli S.A.）則出版了西班牙文／葡萄牙文版。

1987 年，IBM 歐洲總部決定不再由企業內部製作全歐洲通行的統一視覺設計，而是將視覺設計發包給外面的代理商，原本受僱於 IBM 的平面設計師們，就只要專心應付各自分公司會遇到的課題即可。這項決定的頒布，同時也代表我一直擔任的顧問工作結束了。IBM 後來委託了我一項很困難卻很有趣的事情，就是替所有 IBM 員工製作一本書，刊載使用文字排印、相片、插圖等方法來做設計的例子，解說範例中的錯誤，並提出解決方案做對比。這

《IBM 的平面設計：文字排印、攝影、插圖》內頁

本參考書必須能讓設計師在做設計的時候，能夠實際幫助設計師解決製作過程中會碰到的各種問題，還要考慮到會與 IBM 合作進行印刷品設計的其他外部公司。後來命名為《IBM 的平面設計：文字排印、攝影、插圖》（*Graphic Design in IBM: Typography, Photography, Illustrations*）的這本書，總共花了我兩年多去製作。書中的創意、文章、註釋、相片資料，以及隨處穿插逗趣的巴塔克諷刺漫畫，甚至連書本的大小與編排都完全由我決定。

1990 年，我在瑞士奧騰（Olten）的 AT 出版社出版了《相片海報史》（*Fotoplakate: Von den Anfängen bis zur Gegenwart*）一書，還有一位共同作者卡爾・沃普曼（Karl Wobmann），他是蘇黎世設計美術館海報收藏部門的負責人。這是第一次有書介紹海報的發展史，而且涵蓋了蘇黎世設計美術館的館藏。雖然相片攝影早於十九世紀就已發明，人類卻花費了漫長的時間，才能透過印刷技術來複製相片。整本書有個一貫的主張，就是相片做為一種現實的模擬，應該要盡力追求視覺上的可信度以及說服力。

《相片海報史》內頁

自由而具藝術性的工作

1974 年，蘇黎世湖畔的中世紀小鎮拉珀斯維爾，成立了一所蘇黎世州立工業專科學校。蘇黎世建築師包爾・W・提特爾（Paul W. Tittel）設計出鋼鐵與玻璃結合而成的美麗建築，市政府則委託我設計一座送給學校的開幕雕塑。我認為這座雕像不能只是美，還要有教育價值，所以我設計了一座圓柱，由數個分割部分所構成，分割圓柱的切線則是組成「黃金比例」的兩個部分的分隔線。我心想學生很難看出黃金比例，所以在圓柱第六部分扭轉了每一條切線，使雕塑具備了趣味的旋轉動能。過了不久，聽說工業專科學校的校長曾花時間試著找出那個圓柱的祕密──他是個數學家。

1973 年，蘇黎世市政府在伍斯塔打造了一座新的養老院，委託我替餐廳、咖啡廳、多功能廳以及整體的四個樓層來設計牆面。我替餐廳選擇了十字形的圖形結構，咖啡廳以

伍斯塔養老院的餐廳
牆面設計

伍斯塔養老院的咖啡廳
牆面設計

活潑開朗色調來塗成垂直條紋的圖紋，多功能廳的牆面則是格式化的編織圖案。另外四個樓層的主要牆面，都有考慮到連結餐廳牆面的彩色元素。人類以旺盛的體力與青澀的心靈度過青春期，慢慢獲得知識與圓滑的心態，在二十五歲左右達到體能巔峰。往後心靈雖然會逐漸成熟，但肉體卻不免逐漸老化。我就是根據以上的思維，去安排四個樓層牆面的形狀與色彩。抽象的牆面設計，巧妙地融入了寬廣的空間建築。

左三幅圖／
「黃金比例的七分割柱」
的草圖

右／「黃金比例的七分
割柱」360×60 公分
（州立工業專科學校，
拉珀斯維爾）

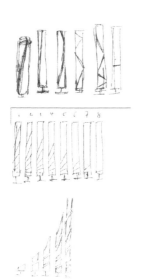

回顧

求知慾讓我成了個藏書家。我從年輕的時候就開始尋找文學、建築、都市設計、繪畫、雕刻、設計、哲學等相關書籍。我最有興趣的，是本世紀先驅們所寫的初版書。在檢討創造過程的時候，我都是參考這些現代主義精神的擁護者所展現的願景，來擬定創作方針。我在蘇黎世應用美術學校、烏爾姆造形學院，還有其他國外的教育機構、研究機構等地方上課的時候，思考過程都是回歸到這些偉大先師的身上。種類繁多的藏書給了我概括的知識，去掌握歐洲、美國、日本等地的視覺設計發展與傾向，我才能在眾多視覺設計甚至是音樂之間，不斷提及各種造形問題的關聯與類似性。我對所有創造領域的關注，讓我在受聘加入各種甄選委員會時，總能獲得眾人的共鳴，也讓許多產業界的客戶會向我諮詢建築或產品的意見。我的思考具備客觀性，如果我支持建築師或產品設計師，就不會是個人地、主觀地拍馬屁。我無論何時都相信自己的論點具備正當性，所以完全不對客戶意見妥協，也不會逢迎拍馬。

我必須由衷感謝幫過自己的所有工作夥伴。他們與我共享概念，以高品質的創作為第一優先，無私地奉獻以建立起成功的棟樑。且讓我按年代列舉出來：洛夫・修列特（Rolf Schroeter）、塞裘・利比茲斯基（Serge Libiszewski）、內莉・魯丁（Nelly Rudin）、海蒂・夏茲曼（Heidi Schatzmann）、彼得・安德瑪特（Peter Andermatt）、吉川靜子、古德倫・馮・提維那（Gudrun von Tevenar）、弗萊迪・穆拉（Fredi Murer）、洛夫・利希（Rolf Lyssy）、加百列・羅倫佐（Gabriele Lorenzer）、荷姆特・日耳曼（Helmut Germer）、彼得・舒帕林格。他們走著自己的道路，在各自的領域都有耀眼的成績。我和彼得・舒帕林格如今還是透過瑞士鐵路的工作互相聯繫，1979 年瑞士鐵路公司委託我研發火車

站與公車站的視覺資訊系統，不知道還得花幾年才能涵蓋全瑞士呢。

尤其要感謝本書出版人兼企畫人，拉爾斯・穆勒。他多年前就說過要把我的創作與思想出版成書，而且我和他都有共同的信念，只有客觀且建設性的溝通，才能符合我們這個時代的社會面、道德面，也才能解決將來的問題。

多年來，靜子以她纖細又創新的天賦，對構成主義藝術做出獨特的貢獻。她總是對我的創作提出堅定、客觀且理由充分的批評，對我來說意義非常重大。我要在此對她表達由衷的感謝。

我、吉川靜子，以及本書出版人拉爾斯・穆勒

展覽舉辦紀錄 1965-1993

以下為穆勒－布洛克曼等人所營運的藝廊曾舉辦過的展覽列表。
1965–1973 年的主辦單位是藝廊 58，1974-1990 年則是湖畔街藝廊。
1992-1993 年則辦在穆勒－布洛克曼府上。
以下內容參考原著以及湖畔街藝廊開幕二十五週年紀念手冊。
若為個展，聯展則標示作家姓名，展覽名稱則以「」標示。

1965	1	Verena Loewensberg		24	Marian Szpakowski
	2	Camille Graeser		25	Hansjörg Glattfelder
	3	Max Bill		26	Rolf Schroeter
	4	Richard Paul Lohse			「色彩」（Koloraturen）
	5	Josef Albers		27	Wolfgang Ludwig
					Arnulf Letto
1966	6	Ernst Scheidegger			
		「與藝術家的相遇」	**1970**	28	具體詩展（Konkrete Poesie）
		（Begegnung mit Künstlern）		29	Angel Duarte
	7	Otto Baranowsky			「構造、發光物件、複製性作品」
		「薩丁尼亞島的岩石照片」		30	Getulio Alviani
		（Sardische Felsbilder）			「構造、物件」
	8	Emil Schulthess		31	F. Vordemberge-Gildewart
		「中國的人與自然」		32	Marina Apollonio
		（China-Mensch und Natur im Reich der Mitte）			Sandro De-Alexandris
	9	Carlo Vivarelli 「雕塑與攝影」		33	Willi Baumeister
	10	Vordemberge-Gildewart			
			1971	34	Günter Fruhtrunk
1967	11	田中德太郎「鷺、日本の写真」			「油畫、網版印刷」
	12	Karl Gerstner		35	Marcello Morandini
	13	Manfred Schoch		36	Carlo Vivarelli
	14	Willi Müller-Brittnau			「網版印刷、繪畫、模型」
		「新作繪畫」		37	Oskar Schlemmer
	15	Johannes Itten			「素描、水彩畫」
				38	Hartmut Böhm
1968	16	Adolf Fleischmann			「物件、網版印刷」
	17	Rainer Kallhardt			
		Günter Neusel	**1972**	39	Rafael Pérez
	18	Verena Loewensberg		40	Auguste Herbin
	19	Jakob Bill			「油畫」
	20	Andreas Christen		41	Vjenceslav Richter
	21	Nelly Rudin			「平面藝術、雕塑」
				42	Walter Dexel
1969	22	Hans Finsler 「我的攝影之路」			「油畫、網版印刷」
		（Mein Weg zur Fotografie）		43	Ulrich Elsener
	23	Francisco Sobrino 「壓克力雕刻」			「物件」

《湖畔街藝廊二十五週年
紀念為具體藝術和構成藝術
而生的藝廊 1965–1990》
宣傳冊，1991 年

得獎經歷

穆勒－布洛克曼此生得過的設計獎記錄

1946–72	第二十五屆「本年度海報」優秀獎，瑞士聯邦內務部
1958	Photokina Auge 獎（德國）
1985	與彼得‧舒帕林格合作瑞士鐵路設計手冊，獲得布魯內爾獎（Brunel Award，英國）
1987	蘇黎世州議會金牌
1987	與彼得‧舒帕林格合作瑞士鐵路時刻表，獲得布魯內爾獎（維也納）
1988	英國皇家榮譽工業設計師（英國）
1989	以《相片海報史》（AT 出版）與共同作者卡爾‧沃普曼獲得柯達攝影獎
1990	Middleton Award（芝加哥）
1994	與彼得‧舒帕林格合作瑞士鐵路說明書，
	獲得「布魯內爾獎 Entry Form」（華盛頓）
1994	歐盟設計獎（Ostends，比利時）
	獲得李察‧馬提諾（Richard Martineau）頒贈英國皇家榮譽工業設計師稱號
	獲得倫敦議長亞弗瑞德‧吉爾根（Alfred Gilgen）博士頒發金牌
1995	STD, London 榮譽成員
1996	布爾諾雙年展與俄羅斯平面設計學院的榮譽會員
	（逝世隔日獲頒）

講座舉辦紀錄

穆勒－布洛克曼公司所舉辦過的講座名稱與貴賓紀錄

1970	5. 3	物體型態的價值能被計算嗎？／君塔‧佛克斯（Günter fuchs）教授
1970	6.17	廣告中的語言／偉根‧哥姆林格（Eugen Gomringer）
1970	11.11	工業設計／漢斯‧菲爾費卡（Hans Hilfiker）
1971	11.24	繪畫聯展的開幕式／穆勒－布洛克曼公司
1972	2. 9	藝術與造形／維拉‧霍瓦特（Vera Horvat）教授（博士），札格雷布大學
1973	3.16	刑法修正的必要性與目的／埃杜亞德‧梅蓋利（Eduard Naegeli）教授（法律博士）
1973	9. 8	百靈公司的宣傳特色／沃夫岡‧施密特（Wolfgang Schmittel），百靈公司
1974	1.31	藝術與環境／尤根‧克勞斯（Jürgen Claus），慕尼黑
1974	7. 3	藝術展的現狀／馮‧塔維爾（H. Ch. von Tavel）博士
1974	11.27	看的文化，回歸本源／維拉‧霍瓦特教授（博士），札格雷布大學
1975	5.15	都市文化政策的課題與發展性／克里斯多福‧維塔利（Christoph Vitali），蘇黎世市文化部
1976	2.13	藝術與社會／漢斯‧海因茲‧霍茲（Hans Heinz Holz）教授（博士），馬堡
1977	1.27	收藏家與「他」的繪畫／F. E. 藍休勒（F. E. Rentschler）博士，勞普海姆
1977	8.10	藝術中的操弄／漢斯 A. 魯提（Hans A. Lüthy）博士，蘇黎世
1978	1.31	自我管理？／奧圖‧瓦特（Otto F. Walter）（作家）
1978	10.17	第一屆瑞士設計講座／W. 庫斯塔（W. Custer）教授、迪哥‧佩維列里（Diego Peverelli）、
		尼可拉‧貝亞洛哈（Nicolas Bärlocher）、H. 維德米（H. Wildmer）教授、
		約瑟夫‧穆勒－布洛克曼

海報 1951–1994

選自竹尾海報典藏

凡例

本章所刊載的海報，皆選自日本竹尾株式會社所保存的「竹尾海報典藏」（竹尾ポス
ターコレクション）。海報下方標題同時呈現公開當年的原文標題及中文譯名，中文
譯名將盡可能呈現該作品之內容涵義。

1951 到 1974 年間穆勒－布洛克曼應蘇黎世音樂廳協會委託所製作的音樂會海報，在質與量上都可以算是他的代表作。這一系列海報揚名全球，是構成性平面設計的里程碑，如今還是經常被人提起。

這一章，我們從竹尾海報典藏（由竹尾株式會社收購，寄存於多摩美術大學）中挑出四十九張以音樂會海報為主的作品，整理出形式表現類似的海報來刊載，並且照年代順序編排。透過按照時序觀看，應可確切體認到穆勒－布洛克曼在幾何學型態、文字排印、色彩運用上是怎麼完成、推展他的風格。

這一系列海報大膽而巧妙地運用幾何學型態、文字型態與色彩，來直接或抽象地表達音樂，很明顯是落在由具象往抽象前進的當代藝術系譜的延長線上；它們有獨特的緊張感與清晰感、動態及寧靜。無襯線字體與幾何造形並用，以及僅提供客觀資訊的這種態度，是理查・保羅・洛斯、卡羅・維瓦列里、馬克斯・比爾等人為首的瑞士派構成式平面設計具有的共同特徵。

穆勒－布洛克曼的作品與他人不同之處，就是有獨特的明快氣質，這氣質源自於他表現想法的大膽與直率。若更進一步說明，這些作品明明是極高度抽象思考的成果，卻也能讓普羅大眾容易理解。從歷史上來看，這明快的氣質尤其打動了年輕世代的心，形成一股動力，讓他的海報成為瑞士派的象徵。

從穆勒－布洛克曼的海報能感受到的大膽、直率，以及整個畫面所充滿的靈性與高雅，讓人聯想到自傳的書名：「玩得認真，認真地玩」。在這一點上，我們得以窺見穆勒－布洛克曼的人格實相。

Juni-Festwochen Zürich 1951
Tonhalle   Grosser Saal
Dienstag, den 12. Juni 1951, 20.15 Uhr

A. Honegger   Monopartita (1951) Uraufführung
J. Sibelius   Violinkonzert in d-moll
Cl. Debussy   Prélude à l'après-midi d'un faune
M. Ravel   Daphnis et Chloé (2ᵐᵉ suite)

Leitung

Hans Rosbaud

Solist

Isaac Stern

Violine

Karten zu Fr. 5.50 bis 16.50 im Vorverkauf:
Tonhallekasse, Hug & Co., Jecklin und Kuoni

蘇黎世六月節慶週音樂會（1951 年）
Juni-Festwochen Zürich

Tonhalle Grosser Saal
Dienstag, den 29. Januar und
Donnerstag, den 31. Januar 1952
20.15 Uhr
XI./XII. Volkskonzert der Tonhalle-Gesellschaft

Leitung

Dr. Volkmar Andreae

Solistin

Margrit Essek Violine

L. v. BEETHOVEN
Sinfonie Nr. 8, in F-dur, op. 93
W. A. MOZART
Violinkonzert in G-dur, K.V. 216
R. STRAUSS
„Till Eulenspiegels lustige Streiche", op. 28

Karten zu Fr. 1. 10, 1.65 und 2.20 ab Samstag, 19. Januar
Vorverkauf Tonhallekasse, Hug & Co., Pianohaus Jecklin,
Reisebureau Kuoni A.G., Genossenschaftsbuchhandlung

音樂廳協會的市民音樂會（1952 年）

Volkskonzert der Tonhalle-Gesellschaft

Tonhalle Grosser Saal
Dienstag, 23. Juni 1953, 20.15 Uhr

Juni-Festwochen Zürich 1953

Leitung
George Szell
Solist
Clifford Curzon
Klavier
Orchester: Tonhalle-Orchester
L. v. Beethoven
Sinfonie Nr. 8, in F-dur, op. 93
W. A. Mozart
Klavierkonzert in c-moll, K.V. 491
R. Schumann
Sinfonie Nr. 4, in d-moll, op. 120
Steinway-Flügel, Vertretung: Hug & Co., Pianohaus Jecklin

Karten zu Fr. 5.50 bis 16.50
Vorverkauf: Tonhallekasse, Hug & Co.,
Jecklin, Kuoni

Entwurf: J. Müller-Brockmann Druck: City-Druck AG Zürich

蘇黎世六月節慶週音樂會（1953 年）

juni-festwochen zürich

130

Tonhalle Grosser Saal
Dienstag, 9. Juni 1953, 20.15 Uhr

Juni-Festwochen Zürich 1953

Leitung

Paul Klecki

Solist

Pierre Fournier

Violoncello

Orchester: Tonhalle-Orchester

W. A. Mozart
Sinfonie in g-moll, K.V. 550

R. Schumann
Cellokonzert in a-moll, op. 129

R. Strauss
Don Quixote, sinf. Dichtung, op. 35

Karten zu Fr. 5.50 bis 16.50
Vorverkauf: Tonhallekasse, Hug & Co.,
Jecklin, Kuoni

Entwurf: J. Müller-Brockmann   Druck: City-Druck AG Zürich

蘇黎世六月節慶週音樂會（1953 年）

juni-festwochen zürich

上左、上右、下左、下右依序為：

第一屆音樂廳協會春季音樂會（1953 年）　1. Frühjahrskonzert der Tonhalle-Gesellschaft

第二屆音樂廳協會春季音樂會（1953 年）　2. Frühjahrskonzert der Tonhalle-Gesellschaft

第四屆音樂廳協會春季音樂會（1953 年）　4. Frühjahrskonzert der Tonhalle-Gesellschaft

第五屆音樂廳協會春季音樂會（1953 年）　5. Frühjahrskonzert der Tonhalle-Gesellschaft

第三屆音樂廳協會春季音樂會（1953 年）

3. Frühjahrskonzert der Tonhalle-Gesellschaft

艾里希・施密特（指揮）／克拉拉・哈士奇（鋼琴）（1954 年）

Leitung: Erich Schmid / Klavier: Clara Haskil

strawinsky

musica viva

1. extrakonzert   dienstag, 16. okt. 1956
20.15 uhr
tonhalle grosser saal
der tonhallegesellschaft
im zyklus musica viva

leitung   igor strawinsky

igor strawinsky   concerto en re
symphonie en ut
scènes de ballet
suite aus petrouchka

karten zu fr. 3.30–fr. 10.50
vorverkauf tonhallekasse, hug, jecklin, kuoni

「音樂萬歲」音樂會（1956 年）

musica viva

beethoven

tonhalle grosser saal
dienstag, den 22. februar 1955,
20.15 uhr
4. extrakonzert
der tonhalle-gesellschaft

leitung carl schuricht
solist wolfgang schneiderhan

beethoven ouverture zu «coriolan», op. 62
violinkonzert in d-dur, op. 61
siebente sinfonie in a-dur, op. 92

vorverkauf tonhalle-kasse, hug, jecklin,
kuoni
karten zu fr. 3.50 bis 9.50

貝多芬（1955 年）

Beethoven

史特拉汶斯基／貝爾格／弗特納（1955 年）
strawinsky / berg / fortner

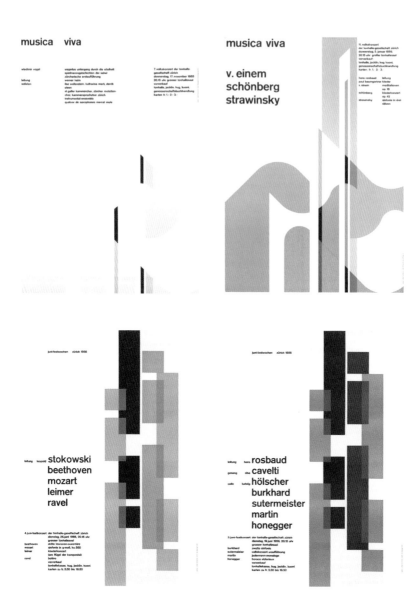

上兩件
「音樂萬歲」音樂會（1955 年）
musica viva

下兩件
六月節慶音樂會（1956 年）
juni-festkonzert

tonhalle-quartett
zürcher
bläser-quintett
strawinsky
schönberg
honegger

musica viva

donnerstag, 24. april 1958, 20.15 uhr
tonhalle, kleiner saal
igor strawinsky   concertino für streichquartett
arnold schönberg   bläserquintett
arthur honegger   drittes streichquartett

vorverkauf tonhallekasse, hug, jecklin, kuoni
karten fr. 3.30 bis 7.70

「音樂萬歲」音樂會（1958 年）

musica viva

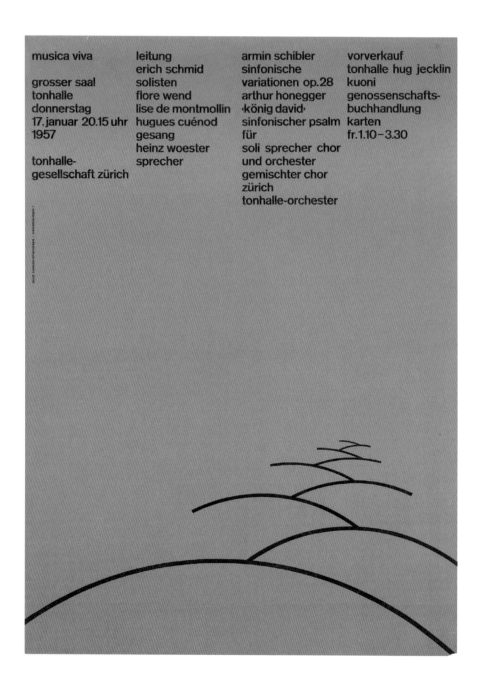

musica viva

grosser saal
tonhalle
donnerstag
17. januar 20.15 uhr
1957

tonhalle-
gesellschaft zürich

leitung
erich schmid
solisten
flore wend
lise de montmollin
hugues cuénod
gesang
heinz woester
sprecher

armin schibler
sinfonische
variationen op.28
arthur honegger
‹könig david›
sinfonischer psalm
für
soli sprecher chor
und orchester
gemischter chor
zürich
tonhalle-orchester

vorverkauf
tonhalle hug jecklin
kuoni
genossenschafts-
buchhandlung
karten
fr.1.10−3.30

「音樂萬歲」音樂會（1957 年）

musica viva

musica viva

tonhalle kleiner saal
donnerstag
28.februar 20.15 uhr
1957

tonhalle-
gesellschaft zürich

paul hindemith
sonate für viola
und klavier
pierre boulez
«le marteau sans
maître»
text von rené clair
béla bartók
sonate
für zwei klaviere
und schlagzeug

solisten
sibylle plate gesang
maria bergmann
und hans rosbaud
klavier
albert dietrich viola
kraft-thorwald dilloo
flöte
anton stingl gitarre

karlheinz bender
robert hänggeli
adolf neumeier
fritz zimmermann
schlagzeug
erich seiler schlag-
zeug und vibraphon

vorverkauf tonhalle
hug jecklin kuoni
karten fr.3.30–7.70

「音樂萬歲」音樂會（1957 年）
musica viva

carl **schuricht**
maria **stader**
katharina **marti**
josef **traxel**
otto **von rohr**
beethoven
neunte sinfonie

juni-festwochen zürich
1957

tonhalle grosser saal
dienstag 2. juli 20.15 uhr
mittwoch 3. juli 20.15 uhr
1957
tonhallegesellschaft zürich
4. junifestkonzert **leitung carl schuricht**
solisten
maria stader sopran
katharina marti alt
josef traxel tenor
otto von rohr bass
gemischter chor zürich
beethoven
neunte sinfonie in d-moll
op. 125

karten fr. 5.50 bis 16.50
tonhallekasse hug jecklin
kuoni

第四屆六月節慶音樂會（1957 年）

4. junifestkonzert

dienstag, den 11. märz 1958, 20.15 uhr
großer tonhallesaal
drittes extrakonzert der tonhalle-gesellschaft zürich

joseph keilberth
paul baumgartner
ph.e. bach
w.a. mozart
l.v. beethoven

leitung: joseph keilberth, paul baumgartner: klavier
ph.e.bach: sinfonia in b-dur für streichorchester
w.a.mozart: klavierkonzert in d-dur kv.537
«krönungskonzert»
l.v.beethoven: dritte sinfonie in es-dur, «eroica»
karten zu fr.3.50 bis 10.50: tonhallekasse,
hug & co., pianohaus jecklin, reisebureau kuoni ag

特別音樂會：凱伯特、包加特納（1958 年）

extrakonzert: keilberth, baumgartner

今日建築（1958 年）

bauen in unserer zeit

人類一家（1958 年）

the family of man

「音樂萬歲」音樂會（1958 年）

musica viva

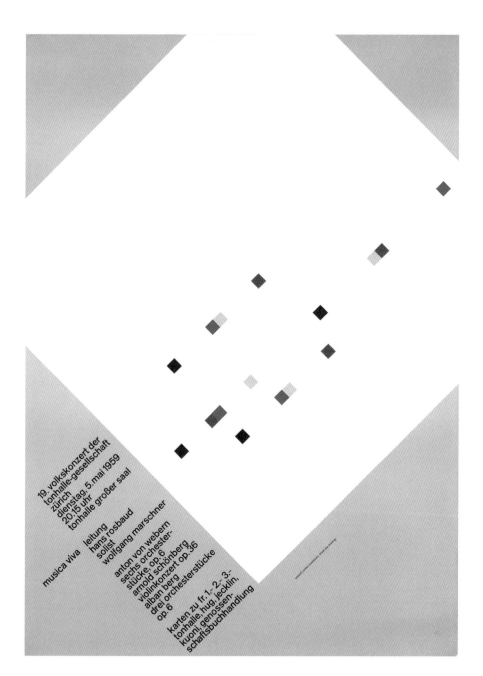

「音樂萬歲」音樂會（1959 年）
musica viva

juni-festwochen zürich
1959

tonhalle grosser saal
dienstag, 2. juni 1959
20.15 uhr

1. konzert der tonhalle-
gesellschaft zürich
leitung:
hans rosbaud
solisten:
maria stader, anton fietz,
pierre fournier

frank martin
ouverture en hommage
à mozart
willy burkhard
cellokonzert, op. 60
rolf liebermann
capriccio für sopran,

violine und orchester
arthur honegger
dritte sinfonie ‹liturgique›

karten fr. 5.50 bis 16.50
vorverkauf: tonhalle
hug, jecklin, kuoni

蘇黎世六月節慶週音樂會（1959 年）

juni-festwochen zürich

juni-festwochen zürich 1959

abschiedskonzerte von dr. volkmar andreae

tonhalle grosser saal dienstag, 30. juni und mittwoch, 1. juli 20.15 uhr

l. v. beethoven neunte sinfonie in d-moll

solisten eva maria rogner elsa cavelti libero de luca heinz rehfuss gemischter chor zürich

karten fr. 5.50 bis 16.50 vorverkauf tonhalle, jecklin, kuoni hug dep.-kasse oerlikon der schweiz. kreditanstalt

蘇黎世六月節慶週音樂會（1959 年）

juni-festwochen zürich

juni-festwochen zürich
1959

tonhalle grosser saal
donnerstag
25. juni 1959, 20.15 uhr

4. konzert der tonhalle-
gesellschaft zürich
leitung
andré cluytens
solist
ricardo odnoposoff

joseph haydn
sinfonie in d-dur, mirakel
johannes brahms
violinkonzert in d-dur
modest mussorgsky
bilder einer ausstellung

instrumentiert von
maurice ravel

karten fr. 5.50 bis 16.50
vorverkauf: tonhalle
hug, jecklin, kuoni

蘇黎世六月節慶週音樂會（1959 年）

juni-festwochen zürich

150

「音樂萬歲」音樂會（1959 年）

musica viva

musica viva

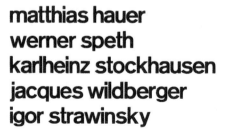

matthias hauer
werner speth
karlheinz stockhausen
jacques wildberger
igor strawinsky

kleiner tonhallesaal · donnerstag, 19. november 1959, 20.15 uhr kammermusikabend der tonhalle-gesell-schaft, 1. konzert im zyklus ‹musica viva› tonhalle-quartett, zürcher bläser-quintett adolf neumeier, schlagzeug rudolf am bach, klavier

matthias hauer · zwölftonspiel für streichquartett (1954) uraufführung
werner speth · quintett für bläser (1957) uraufführung
kh. stockhausen · zyklus für einen schlagzeuger (1959)
jacques wildberger · quartett für flöte, klarinette, violine und violoncello (1951)
igor strawinsky · septett für klarinette, horn, fagott, klavier, violine, viola, violoncello (1953)
karten zu fr. 3.30 bis 7.70
tonhallekasse, hug, jecklin, kuoni, depositenkasse kreditanstalt oerlikon

「音樂萬歲」音樂會（1959 年）
musica viva

achte sinfonie von gustav mahler

fünftes juni-festkonzert 1960 der
tonhalle-gesellschaft zürich, freitag, 8. juli,
(voraufführung donnerstag, 7. juli)
20.15 uhr grosser tonhallesaal
leitung: erich schmid, solisten: agnes giebel,
maria van dongen (sopran), elsa cavelti,
ira malaniuk (alt), ernst häfliger (tenor),
pierre mollet (bariton), charles gillig (bass),
chöre: gemischter chor und kammerchor
zürich, knabenchor des gymnasiums zürich
mahler: achte sinfonie in es-dur
karten: fr. 5.50-16.50, tonhallekasse, kuoni,
hug, jecklin, dep'kasse oerlikon kreditanstalt

古斯塔夫・馬勒第八號交響曲（1960 年）
achte sinfonie von gustav mahler

「音樂萬歲」音樂會（1961 年）

musica viva

「音樂萬歲」音樂會（1961年）

musica viva

musica viva

hans rosbaud
anton fietz
marcel mihalovici
igor strawinsky
roberto gerhard

freitag, den 5. januar 1962
20.15 uhr
zweites musica viva-konzert
der
tonhalle-gesellschaft zürich
grosser tonhallesaal

leitung: hans rosbaud
solist:
anton fietz, violine
marcel mihalovici:
sinfonia variata
igor strawinsky:
violinkonzert
roberto gerhard:
musik für orchester und
lautsprecher

karten von 1 bis 4 franken
tonhallekasse,
hug, jecklin, kuoni
genossenschaftsbuchhandlung
depositenkasse oerlikon
kreditanstalt

「音樂萬歲」音樂會（1962 年）

musica viva

musica viva

räto tschupp
andrej lütschg
niccolò castiglioni
wladimir vogel
arthur honegger

dienstag, 21. april 1964, 20.15 uhr grosser tonhallesaal
18. volkskonzert der tonhalle-gesellschaft zürich
drittes konzert im zyklus «musica viva»
dirigent räto tschupp, solist andrej lütschg, violine
niccolò castiglioni «rondels per orchestra» 1960/61
wladimir vogel violinkonzert, arthur honegger erste sinfonie
karten zu fr. 1.- bis 4.- tonhallekasse, hug, jecklin, kuoni und
depositenkasse oerlikon kreditanstalt

「音樂萬歲」音樂會（1964 年）
musica viva

juni-festwochen

dienstag	2. juni 1964	karl böhm, dietrich fischer-dieskau; werke von beethoven, mahler, strauss
dienstag	9. juni 1964	wolfgang sawallisch, zino francescatti; werke von brahms, dvorak
dienstag	16. juni 1964	joseph keilberth, robert casadesus; werke von mozart, bruckner
dienstag	23. juni 1964	john barbirolli, van cliburn; werke von wagner, tschaikowsky, sibelius
dienstag	30. juni 1964	jean martinon, henryk szeryng; werke von beethoven, martinon, brahms
		extra-volkskonzert:
sonntag	7. juni 1964	hans erismann, maria stader, verena gohl, ernst häfliger, peter lagger, sängerverein harmonie; schibler: media in vita

交響曲音樂會／蘇黎世音樂廳協會／六月節慶週（1964 年）

sinfonie-konzerte / tonhalle-gesellschaft zürich / juni-festwochen

internationale juni-festwochen 1965 zürich
konzerte der tonhalle-gesellschaft

1. konzert - dienstag, den 1. juni, 20.15 uhr
leitung robert f. denzler, solist zino francescatti
beethoven dritte leonoren-ouvertüre
brahms violinkonzert d-dur, strawinski feuervogel-suite

2. konzert - donnerstag, den 10. juni, 20.15 uhr
leitung eugene ormandy, solist isaac stern
weber ouvertüre zur oper „der freischütz"
dvorak violinkonzert a-moll, brahms zweite sinfonie d-dur

3. konzert - dienstag, den 15. juni, 20.15 uhr
leitung alceo galliera, solist arthur rubinstein
beethoven fünftes klavierkonzert in es-dur
mahler erste sinfonie in d-dur

4. konzert - dienstag, den 22. juni, 20.15 uhr
leitung zubin mehta, solist claudio arrau
webern sechs orchesterstücke, liszt klavierkonzert a-dur
tschaikowsky fünfte sinfonie in e-moll

5. konzert - dienstag, den 29. juni, 20.15 uhr
mittwoch, den 30. juni, 20.15 uhr
leitung rudolf kempe, solisten: gundula janowitz sopran
margrit conrad alt, ernst häfliger tenor, kim borg bass
chor gemischter chor zürich
beethoven neunte sinfonie in d-moll

extra-kammermusikabend
donnerstag, den 17. juni, 20.15 uhr
gedenkkonzert zum 10. todestag von willy burkhard
tonhalle-quartett, ursula buckel sopran
ursula burkhard flöte, simon burkhard klavier
willy burkhard: zweites streichquartett, herbst-kantate
neun morgenstern-lieder, lyrische musik

蘇黎世國際六月節慶週音樂會／音樂廳協會音樂會（1965 年）

international juni-festwochen 1965 zürich / konzerte tonhalle-gesellschaft

tonhalle- gesellschaft
zürich
freitag den 5. januar 1968
20.15 uhr
grosser tonhallesaal

karten zu fr. 1.– bis 5.–
vorverkauf tonhallekasse, hug, jecklin
kuoni und
filiale oerlikon kreditanstalt

charles dutoit
jürg von vintschger
tonhalle- orchester

igor strawinsky
musica viva variations in
memoriam
aldous huxley
1963/64
albert moeschinger
klavier konzert op. 96
1965

uraufführung rudolf kelterborn
sinfonie 1966
uraufführung

alban berg
drei orchesterstücke
op. 6

entwurf j. müller-brockmann druck hofmann zürich

「音樂萬歲」音樂會（1968 年）

musica viva

mittwoch, den 4. juni 1969
leitung/ erich leinsdorf
solist/ isaac stern, violine
c. m. v. weber/ freischütz-ouvertüre
l. van beethoven/ violinkonzert in d-dur, op. 61
igor strawinsky/ le sacre du printemps

sonntag, den 8. juni 1969
isaac stern, violine
alexander zakin, klavier
werke von bach
brahms
prokofieff
bartok

dienstag, den 10. juni 1969
leitung/ antal dorati
solist/ claudio arrau, klavier
joseph haydn/ sinfonie in b-dur, nr. 98
richard strauss/ till eulenspiegels lustige streiche, op. 28
johannes brahms/ klavierkonzert in d-moll, op. 15

dienstag, den 12. juni 1969
duo alfons und aloys kontarsky, klavier
christoph caskel, schlagzeug
werke von bernd a. zimmermann
earl brown
karlheinz stockhausen
pierre boulez

dienstag, den 17. juni 1969
leitung/ rudolf kempe
solist/ zino francescatti, violine
karl amadeus hartmann/
kammerkonzert für klarinette, streichquartett
und streichorchester (uraufführung)
felix mendelssohn/ violinkonzert in e-moll, op. 64
l. van beethoven/ siebente sinfonie in a-dur, op. 92

donnerstag, den 19. juni 1969
arturo benedetti michelangeli
werke von clementi
schumann
ravel

dienstag, den 24. juni 1969
leitung/ wolfgang sawallisch
solist/ arthur rubinstein, klavier
arthur honegger/ monopartita
peter tschaikowsky/ klavierkonzert in b-moll, op. 23
robert schumann/ zweite sinfonie in c-dur, op. 61

dienstag, den 1. juli 1969
leitung/ rudolf kempe
solisten/ christa ludwig, alt
waldemar kmentt, tenor
w. a. mozart/ sinfonie in b-dur, kv 319
gustav mahler/ das lied von der erde

konzerte
junifestwochen 1969

tonhalle—
gesellschaft
zürich

vorverkauf
tonhallekasse
musikhaus hug
pianohaus jecklin
reisebureau kuoni
filiale oerlikon kreditanstalt

preise
fr. 10.- bis 35.- orchesterkonzerte
fr. 10.- bis 30.- extrakonzerte
fr. 5.- bis 11.- musica viva-konzert

六月節慶週音樂會／蘇黎世音樂廳協會（1969 年）

konzerte junifestwochen / tonhalle-gesellschaft zürich

musica viva-konzert

donnerstag, 8. januar 1970
20.15 uhr
grosser tonhallesaal

12. sinfoniekonzert
der
tonhalle-gesellschaft zürich

karten zu fr 1.- bis fr. 5.-

leitung   klaus huber
charles dutoit

solist   györgy ligeti
karl engel   igor strawinsky
klavier

tonhalle-   klaus huber
orchester

tonhallekasse, hug, jecklin, kuoni
filiale oerlikon schweiz. kreditanstalt

«tenebrae»
für grosses orchester
1966-67
«atmosphères»
konzert
für klavier, blasinstrumente,
kontrabässe und pauke
«tenebrae»
wiederholung

entwurf j. müller-brockmann / druck bollmann zürich

「音樂萬歲」音樂會（1970 年）

musica viva

「音樂萬歲」音樂會（1972 年）
musica viva

junifestwochen zürich 1971

konzerte der
tonhalle-gesellschaft
zürich

fünf konzerte im abonnement
tonhalle-orchester

2. orchesterkonzert

donnerstag, den 3. juni
leitung karl böhm
mozart: sinfonie in es-dur, kv 543
bruckner: siebente sinfonie in e-dur

3. orchesterkonzert

dienstag, den 8. juni
leitung joseph krips
solisten trio di trieste
beethoven: konzert für klavier, violine, violoncello
und orchester, c-dur, op. 56
schubert: neunte sinfonie in c-dur

4. orchesterkonzert

dienstag, den 15. juni
leitung carlo maria giulini
solist clifford curzon, klavier
rossini: ouverture zur oper «semiramis»
mozart: klavierkonzert in c-moll, kv 491
dvorak: siebente sinfonie in d-moll, op. 70

5. orchesterkonzert

dienstag, den 22. juni
leitung rudolf kempe
solisten wolfgang schneiderhan, violine
paul tortelier, violoncello
brahms: konzert für violine, violoncello und
orchester, a-moll, op. 102
tschaikowsky: sechste sinfonie in h-moll, op. 74
«pathétique»

6. orchesterkonzert

dienstag, den 29. juni
leitung rudolf kempe
solist bruno leonardo gelber, klavier
debussy: prélude à l'après-midi d'un faune
chopin: klavierkonzert in e-moll, op. 11
beethoven: vierte sinfonie in b-dur, op. 60

verkauf der einzelkarten: 8. mai tonhallekasse, musikhaus hug, pianohaus jecklin,
reisebüreau kuoni, bahnhofplatz

weitere veranstaltungen

1. orchesterkonzert

mittwoch, den 26. mai
berliner philharmoniker
leitung herbert von karajan
beethoven: sechste sinfonie in f-dur, op. 68
«pastorale»
strawinsky: «le sacre du printemps»

eröffnungs-festakt

freitag, den 28. mai
tonhalle-orchester
leitung ferdinand leitner
hindemith: «das engelskonzert» aus der sinfonie
«mathis der maler»
ansprache von stadtpräsident dr. s. widmer
arthur honegger: «pacific 231»

1. musica viva-konzert

società cameristica italiana (rom)
sonntag, den 6. juni kleiner tonhallesaal
luciano berio: «synchronie» für streichquartett
goffredo petrassi: streichtrio
klaus huber: streichquartett «moteti et cantiones»
anton webern: quintett für zwei violinen, bratsche,
violoncello und klavier, op. posth.

kammermusikabend

sonntag, den 13. juni kleiner tonhallesaal
la salle-quartett
purcell: drei fantasien
gyorgy ligeti: zweites streichquartett
anton webern: sechs bagatellen, op. 9
beethoven: streichquartett in f-moll, op. 95

klavierabend

donnerstag, den 17. juni
arturo benedetti michelangeli
ludwig van beethoven
frédéric chopin
claude debussy

2. musica viva-konzert

sonntag, den 20. juni kleiner tonhallesaal
«die reihe»
leitung friedrich cerha
arnold schönberg: suite für klavier, es-klarinette,
bass-klarinette, violine, bratsche und violoncello,
op. 29
friedrich cerha: catalogue des objets trouvés
gyorgy ligeti: kammerkonzert

六月節慶週音樂會／蘇黎世音樂會協會（1971年）

konzerte der tonhalle gesellschaft zürich / junifestwochen

musica   viva

donnerstag, den 7. januar 1971
20.15 uhr grosser tonhallesaal
zweites musica viva-konzert der tonhalle-gesellschaft zürich

leitung   ernest bour
solist   hansheinz schneeberger
orchester   tonhalle-orchester

klaus huber   violinkonzert «tempora»
karl amadeus hartmann   siebente sinfonie

karten zu fr. 2.50 bis 6.–
tonhallekasse, hug, jecklin, kuoni und filiale oerlikon kreditanstalt

「音樂萬歲」音樂會（1971 年）

Musica Viva

瑞士音樂選集（1975 年左右）

Anthology schweizerischer Musik

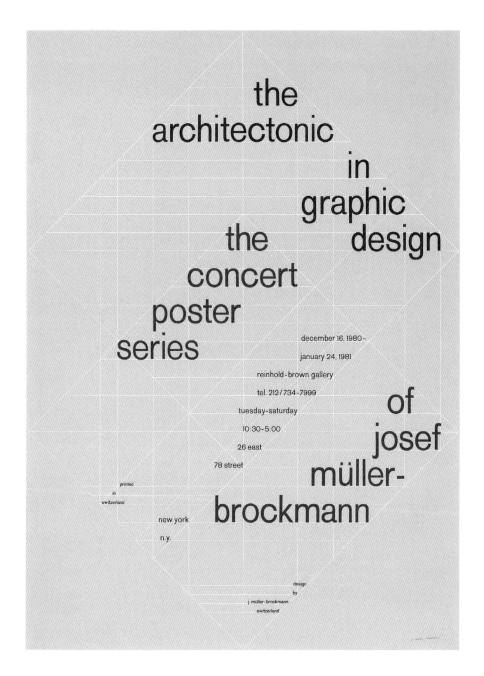

約瑟夫・穆勒－布洛克曼的音樂會海報系列
平面設計中的建築性（1980 年）
the architectonic in graphic design / the concrete poster series of josef müller-brockmann

brandenburgische kunstsammlungen cottbus
museum für zeitgenössische kunst, fotografie, plakat
und design

shizuko yoshikawa

bilder   1976–1992
                       und neue gouachen

druckerei: druck und repro verlag gmbh erfurt

entwurf: j. müller-brockmann

ausstellung vom 07. 05. bis 26. 06. 1994

mit unterstützung der pro helvetia schweizer kulturstiftung

吉川靜子展　繪畫 1976–1992　不透明水彩畫新作（1994 年）
shizuko yoshikawa / bilder 1976–1992 und neue gouachen

brandenburgische kunstsammlungen cottbus
museum für zeitgenössische kunst, fotografie, plakat
und design

j. müller-brockmann

plakate   1948–81

ausstellung vom 07. 05. bis 03. 07. 1994

mit unterstützung der pro helvetia schweizer kulturstiftung

druckerei: druck und repro verlag gmbh erfurt

entwurf: j. müller-brockmann

約瑟夫・穆勒－布洛克曼展　海報 1948–1981（1994 年）
j. müller-brockmann / plakat 1948–1981

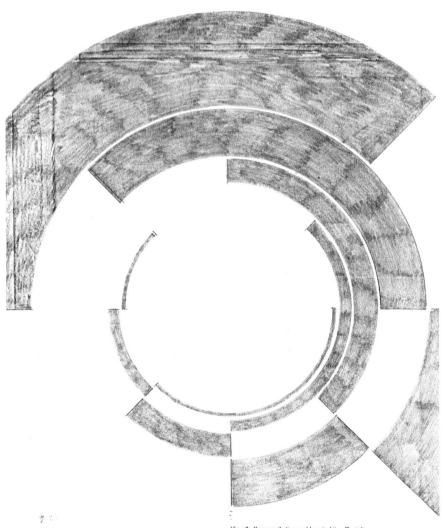

Visuelle Kommunikation und konstruktive Gestaltung:
Ein Pionier der Plakatkunst

Josef Müller-Brockmann

Von der Illustration zur Konstruktion

Ausstellung in der Alten Fabrik Rapperswil, 4. September
bis 9. Oktober 1994, Dienstag bis Freitag 17-20 Uhr,
Samstag und Sonntag 10-15 Uhr, Montag geschlossen,
Vernissage 3. September, 18 Uhr

約瑟夫・穆勒－布洛克曼展：從插畫到構成主義（1994 年）

Josef Müller-Brockmann: Visuelle Kommunikation und Konstruktive Gestaltung

III 解說　　　做為一種美學的網格系統

佐賀一郎

凡例

本章文稿為針對第一部分約瑟夫·穆勒－布洛克曼自傳的解析。註釋皆為解析者
註，內文中上標數字為註釋編號。註釋內容原則上置於同一頁內，僅有部分例外。
換行（包括引文內容）若非直接換行，便會以「／」代替。另外，引文中的明顯錯誤
會加以訂正。

設計史與穆勒 – 布洛克曼[1]

約瑟夫・穆勒 – 布洛克曼是一位具有歷史性的代表人物。瑞士派在第二次世界大戰結束後的 1950 到 1960 年代興起，他就是代表人物之一，也是二十世紀代表性設計師的其中一個。他的作品至今依舊在許多場合受人提起，影響力不減。

他留下了許多成就——包括海報、企業識別、指標系統、書籍設計等各種平面設計領域的成果及持續再版的《平面設計中的網格系統》（Grid System in Graphic Design，1981 年）、《平面設計師的設計問題》（Graphic Artist and His Design Problems，1961 年）、《視覺傳達的歷史》（A History of Visual Communication，1971 年）、與妻子吉川靜子合著的《海報的歷史》（History of the Poster，1971

年）等著作；從 1958 到 1965 年間，與三位同伴創刊、編輯、製作的國際設計雜誌《新平面》（Neue Grafik），把瑞士所掀起的平面設計新潮流推廣到全世界；在實踐設計之餘一併進行的演講活動；在蘇黎世應用美術學校擔任系主任，並在烏爾姆造形學院、大阪藝術大學等世界各國進行教育活動——從擔任平面設計師的實際作品，到演說、著作、教育活動，他的這些成就替第二次世界大戰後的平面設計道路指出了一個新方向，而使他成為一位設計史上的重要代表人物。

但他成為歷史性人物的關鍵因素，終究還是他的人生歷練，構成了平面設計歷史中的一個重要環節。

---

[1] 本稿摘錄自 2017 年舉辦之展覽「約瑟夫・穆勒 – 布洛克曼：玩得認真，認真地玩」（舉辦於竹尾株式會社 見本帖總門市）所發布之展場手冊文稿，並經過大幅補充、修訂。

本節將回溯穆勒－布洛克曼的人生，確認他的人生經歷，是如何在平面設計歷史中占有一席之地；同時在他自己開拓的天地中，他又有怎麼樣的夢想。這些夢想，應該也是同時代平面設計／平面設計師的夢想。

出身

約瑟夫・穆勒－布洛克曼（出生時的名字是約瑟夫・穆勒）在八個兄弟姊妹中排行第七，出生在瑞士蘇黎世湖畔的城鎮拉珀斯維爾。他父親是奧地利移民第二代，在建築業小有成就，但是就在他一歲的時候，父親從軍參加第一次世界大戰，在前線受傷去世（同年，他的弟弟出生）。所以是他三十二歲即守寡的母親，在貧困中養大了孩子們。

從社會面看來，穆勒－布洛克曼的成長環境絕對算不上寬裕，然而他從小生長在瑞士豐饒的自然環境中，母親無論碰到什麼困難都不會抱怨，笑口常開；有母親這樣的智慧、慈愛與堅強，即使一家子不斷搬遷，他仍與兄姊、朋友們度過了豐富的少年時期。日後他所展現的自立自強精神、克制力，以及機智的幽默，就是在這樣的環境下培養出來的。

出發　十四歲至十八歲

一個小小的契機，促使他立志踏上造形藝術的路──原來是學校老師看到他交的作文上面畫了插圖，認同了他的藝術天分。

這件事情，若進一步以他本人的話來說，就是促使他為了達成他的「抱負」，他選擇了造形藝術之路。當然，這條路日後走來絕非康莊大道。

1930 年，穆勒－布洛克曼十六歲從中學畢業，按照老師的建議進入當地印刷廠的加工部工作。但他做不到一星期，就毅然辭職。後來進入蘇黎世的建築事務所工作，也做不到一個月就離職。然後在蘇黎世一位平面設計師艾力克斯・華特・迪格曼[2]的攝影棚裡當平面設計師學徒，最後還是兩年就離職了。

迪格曼是瑞士的知名設計師，但很少出現在工作室中，他幾乎學不到東西。穆勒－布洛克曼連學徒證書都沒拿到就離開迪格曼的

---

[2] 艾力克斯・華特・迪格曼（Alex Walter Digglemann，1902–1987）曾活躍於蘇黎世的平面設計師，設計過多款廣告海報。得過 1936 年柏林奧運、1948 年倫敦奧運的藝術部門獎牌，也是唯一在奧運中得過金、銀、銅三種獎牌的設計師。

工作室，十八歲的他只剩一條路，就是自立門戶。

中學剛畢業的年輕人像這樣不斷轉行，看起來像是種自毀前程、拉高經濟風險的行為，但以穆勒－布洛克曼來說，這樣多變的人生反而說明了他的信念有多麼堅定。

但話說回來，他當時不斷轉行的行為，並沒有明確的目標，而應該只是很單純地相信自己的天分、才華與未來，受到正向心態的引導罷了。當時他心中的「抱負」，幾乎就等於是他生存的能量了。由於他找不到具體的目標與方法，還無法讓能量具體成形。

他理解到如果要解放自己的力量，達成抱負，自己還缺了些什麼。他該如何與社會接軌？需要哪些技術與思維？為了找出答案，他尋求更多的教育。不斷的離職，不僅告訴他自己的夢有多遠大，也告訴他自立自強精神的重要性。

自立自強的精神　十八歲到二十歲出頭

當時蘇黎世應用美術學校有兩位老師，一位是掌管平面設計班，在日後被稱為「瑞士派

之父」的恩斯特·柯勒[3]，另一位則是繼承並倡導包浩斯學平面設計的埃弗瑞德·威利曼[4]。這所學校相當知名，培育出許多知名的平面設計師。

一心想師法這兩人的穆勒－布洛克曼，沒有學徒證書或高等教育機構的畢業證書，代表他沒有正式入學資格，卻還是去敲了蘇黎世應用美術學校的大門。

校長委婉但堅定地以邏輯勸他放棄入學，但他死纏爛打，終於得到直接與柯勒和威利曼商量的機會。柯勒原本拒絕，但他成功說服了柯勒，之後也得到威利曼的同意，以每星期選一天下午當學徒的方式來就學。他終於得到機會，花兩年時間學習兩位老師的成果、創作方法、思維，以及平面設計、攝影、文字排印的最新動態。

穆勒－布洛克曼正是個「自學」的人，他在這個時期就已經替自己的人生定下幾個方針。從方針開頭的「保持孤獨。一切都攸關於自己的精力、思考力與自我批判」就可得知，他當時就已經有堅定決心，要靠自己的本事來闖蕩人生。對他來說「自己的歸宿就

---

[3] 恩斯特·柯勒
（Ernst Keller，1891-1968）
出生於瑞士阿勞，是戰後瑞士派的創始人。曾當過平版印刷的製圖工，後來在萊比錫求學（1912-1914年）時期，迷上了文字排印設計，在 1918 年時，加入了蘇黎世應用美術學校的教學團隊，成功將廣告製圖工的培訓課程改造為平面設計與文字排印教育課程。他透過將近

四十年的教育生涯，不斷對瑞士設計界的潮流造成深遠的影響。他提倡平面設計的原點必須獨特，同時又簡單明瞭。

[4] 埃弗瑞德·威利曼
（Alfred Willimann，1900-1957）
生於瑞士克玲瑙的平面設計師，1916 年進入蘇黎世工藝學校學習一年，以平面設計師與雕刻家身分活

動。1921 年到 1924 年在柏林的造形藝術學院學習繪畫與雕刻，之後回到蘇黎世成為畫家與雕刻家（至1929 年），1930 年起在蘇黎世應用美術學校教課。他一開始教素描與刻字，後來改教文字排印，並在攝影班教相片蒙太奇。他也是平面設計師，經手許多企業用設計與海報，影響了下個世代的平面設計師與攝影師。

是自己」、「自己的摯友就是自己」是理所當然的事情。

這樣的決心，立刻引爆了他求知慾的洪流。除了每星期到蘇黎世應用美術學校上一次課之外，他還去蘇黎世各大學旁聽各種課程，花四年學習歷史、音樂、自然科學、心理學、藝術學等學問（其中還包括分析心理學之父卡爾・古斯塔夫・榮格的課程）。他也常常跑圖書館，閱讀各種書籍，從傳統的文字排印到最新的當代文字排印都吸收起來。素描、繪畫、插畫，全都是他自學而成。從此時期起，他也成了個讀書狂，常常跑舊書店。

穆勒－布洛克曼展現的自學態度、自立自強的精神，與他生長在貧困的家庭裡脫不了關係。他以「飢渴」來形容自己的求知慾，想必是明白知識是開拓命運的有效手段，而且知識會平等授予給追求知識的人。

下定決心開拓自己的命運，代表要全面掌握自我，以及現在與未來。除了無窮無盡的求知慾，還從母親身上繼承了愛情、幽默、精神力[5]，對他來說，自立自強的精神會替

他打開眼前充滿可能的新天地。這廣大的天地，才適合他的「抱負」。他就是有這麼大的能量，足以讓他做如是想。

對他來說，前人的腳印也是規範自我行為的好典範。大家都是熱情如火的人，所以他區分彼此的方法，只有依據創作是否做出成果而已。

這種意志的力量、規範自我的決心，還有背後隱藏的熱情，是一種貫穿穆勒－布洛克曼一生的道德性的色彩。

青年期的穆勒－布洛克曼所面對的局勢，就是第二次世界大戰結束後，戰後世界必須從心靈上與物理上的頹敗重新出發，就好像他剛成形的心靈一樣。實際上，他日後所走上的道路，和後來從小國瑞士興起、引領著戰後平面設計發展的「新平面」之路是合而為一的。

我們能夠從其中看見一種歷史的動態：一個時代裡的個人，終究達成了引領整個時代的使命。

職業上的成功　二十歲到三十歲

---

[5] 在《Eye》雜誌的專訪中，記者詢問穆勒－布洛克曼：「你做過最棒的設計是哪一件？」他回答：「你把海報翻過來，背面的空白就是我最棒的傑作。」認識約瑟夫・穆勒－布洛克曼的人也好，妻子吉川靜子也好，每個人都說他有獨特的幽默感。

——Yvonne Schwemer Scheddin and Josef Müller-Brockmann, 'Reputations: Josef Müller-Brockmann.' *Eye*, no.19, vol.5, 1995

在蘇黎世一邊自學，同時也於十八歲自立門戶的穆勒－布洛克曼，一開始最擅長的是繪製插畫。

他的本領首先發揮在櫥窗設計上，後來作品逐漸受到認同，年僅二十三歲的他於1937年當上瑞士工藝聯盟史上最年輕的會員。隔年，他更獲選為瑞士平面設計聯盟的創辦委員。到了1939年二十五歲時，他擔任瑞士世界博覽會中「瑞士的大學」展館與「瑞士美術史」、「物理與醫學」兩個展區的設計工作，從此於瑞士國內所熟知。

但是當年就爆發了第二次世界大戰，他服役直到1945年戰爭結束為止，職業步調也因此中斷。但正如自傳所說，他當時還是充滿了學習慾望。

他打算利用前面提及的世界博覽會所賺取的報酬，向畫家費南・雷捷[6]或阿米迪耶・奧桑方[7]學藝，所以在巴黎租屋。這個計畫因為服役而告吹，但他求學的意志，以及提升自我的意志，終生不變。

其實戰爭對他並非沒有任何益處，他在服兵役的期間與小提琴家費雷娜・布洛克曼結婚，往後便自稱穆勒－布洛克曼（他的本名是約瑟夫・穆勒，但有家出版社與他同名，有時會造成客戶混亂）。

第二次世界大戰結束後，穆勒－布洛克曼三十一歲，總算能重啟設計活動。從戰爭結束到三十五歲左右，他曾經設計過蘇黎世美術館的荷姆豪斯美術館的展覽、國際性活動的展館設計，也做過平面設計、插畫，在瑞士、德國、丹麥等國做過舞台設計，甚至還設計過人偶戲用的人偶。

這個時期的大案子，就是在1947年受瑞士交通推廣局委託，製作巴塞爾展售會插畫；以及1948年受瑞士商業中心委託，製作布拉格國際展售會的瑞士展館內部空間設計。

在發展職涯的過程中涉足空間設計，讓他得直接面對一個問題，就是該怎麼整合構成展示空間的許多視覺元素，而這對他日後的職涯具有重大意義。

這些案子讓他的名氣更大，商業刊物、雜誌、書籍設計，愈來愈多工作找上門。同時插畫的委託案也增加，從此時起占了他接案

---

[6] 費南・雷捷
（Fernand Léger，1881–1955）
法國畫家，一開始立志成為建築師，但1900年造訪巴黎之後便轉行當畫家。1910年左右，開始走向立體派風格。第一次世界大戰從軍後，明顯開始讚美機械文明。1920年認識了勒・柯比意，1925年在柯比意所設計的新精神館（L'Esprit Nouveau）中製作壁畫。第二次世界大戰期間住在美國，戰後大多繪畫人物群像。

[7] 阿米迪耶・奧桑方
（Amédée Ozenfant，1886–1966）
法國畫家。1918年與建築師兼畫家的勒・柯比意共同發表〈立體派之後〉（Après le Cubisme）這篇「純粹主義宣言」。1919年，與勒・柯比意共同創辦了《新精神》（L'Esprit Nouveau）雜誌。1938年，前往美國，創辦奧桑方美術學校，1955年歸國。

的大多數。

三十五、六歲的時期，他在職業上已經相當成功。但是他目前為止的工作，與我們現在所認識的「穆勒－布洛克曼」還大不相同。當時他是個插畫家，是展覽設計師，是舞台美術家，是人偶雕刻師，也是平面設計師。他的設計風格以詼諧幽默、溫暖親切為基礎，與後來的客觀性、構成性設計大不相同（但這時也的確是他日後設計風格的萌芽時期）。

穆勒－布洛克曼如今眾所周知的構成性設計，其實是他在三十五、六歲的時期，以明確的意志修改自我方針而成。自從他十八歲自立門戶成為平面設計師以來，他總是以明確的意志來做決定。

他的這項決定，以及後續設計理念、設計表現的轉變，符合戰後平面設計潮流轉向「構成性設計」的時機與軌跡。也因此，穆勒－布洛克曼成為歷史浪潮的一部分，也發揮了改變時代的力量。

轉折　三十歲中期

如自傳所說，穆勒－布洛克曼從十八歲到三字頭中期的人生，客觀來說已經算是成功的設計師，享譽盛名，社會對他的綜觀評價是極為讚賞，但他卻反而對自己的工作產生抹不去的疑慮。

展覽設計和海報一樣，是工業革命之後才出現的新設計領域之一，但他深切感受到展覽空間中有許多構成元素——解說文章、相片、圖表、解說板與展示品、擺放展示品的框架、框架的配置——必定需要方法與理論來統整這些元素（日後這個問題在其著作《平面設計中的網格系統》中有了答案）；至於平面設計和插畫的工作，他不斷研究1920年代的戰前先驅們的設計，結果發現自己的作品與他們的作品之間，有一道無法超越的高牆。

另一方面，在同時期的瑞士，還有馬克斯・比爾[8]、理查・保羅・洛斯[9]、卡米爾・葛雷薩（Camille Graser，1892-1980）、韋莉娜・雷班斯堡（Verena Loewensberg，1912-1986）所組成的具體藝術家團體「Allianz」，在二次大戰期間舉辦兩次展覽（1942-1944

---

[8]　馬克斯・比爾
（Max Bill，1908-1994）
出生於瑞士溫特圖爾，1927年起進入包浩斯學習，1930年自立門戶成為自由設計師。1944年在巴塞爾美術館舉辦「具體美術」展，倡導具體藝術的思想。1949年接受瑞士工藝聯盟委託，舉辦「好的形式」展。1950年成立烏爾姆造形學院，從課程規畫到校舍設計

一手包辦，並擔任第一任校長。他除了直接繼承包浩斯的理念，還橫跨具體藝術／當代設計兩個領域將理念發揚光大，對後世造成深遠影響。

[9]　理查・保羅・洛斯
（Richard Paul Lohse，1902-1988）
生於瑞士蘇黎世，曾就讀蘇黎世應用美術學校。1922年至1930年，

與廣告顧問M.達朗合作，進行前衛藝術的製作與出版。從1940年左右開始，畫風從表情豐富的曲線元素，轉變為以水平垂直為主的結構。1944年起，加入了《Abstract/Concrete》、《Spirale》、《Plan》等雜誌的團隊。另外從1947年起擔任《Bauen + Wohnen》雜誌的編輯兼設計師。1958年到1965年為《新平面》的共同編輯。從70年

年舉辦）[10]，無論在理論面或實作面上，從戰前開始的構成藝術都進展到一個新局面。

尤其是馬克斯‧比爾，在所屬的瑞士工藝聯盟中推廣一項運動，要在產品設計領運提升設計品質，並於 1949 年舉辦「好的形式」展覽。這項運動後來傳到日本，形成所謂的「好設計運動」，造成極大的影響。這項運動，在民眾意識中連結產品設計的品質與生活品質，讓民眾認到設計對社會的貢獻，可說是劃時代的創舉。

消化了這些因素之後，穆勒－布洛克曼跳脫之前所建立的職業成就，決定大大扭轉自己的設計與方向。這次扭轉簡直有如脫胎換骨，也是歷史的一大轉折。

他認為自己的造形表現優勢不在於插畫，而且以插畫為主體的平面設計，只停留於傳達主觀的訊息。他為了追求客觀的、中立的訊息傳達，盡全力學習文字排印與攝影，最後專注在平面設計的工作上。

在文字排印上，他沿襲傳統的文字排印規矩，也同時摸索更現代、更明顯的秩序；他的繪畫避免使用裝飾元素，多用抽象型態，盡全力去實現客觀性；他的攝影則忠實反映現實，使照片看來感覺客觀。

當他以簡潔為主旨去施展文字排印的時候，會刻意在畫面上加入與其對照的形狀。這時候他不信任自己的感覺，而優先信任數學方法。

後來他替自己確立的設計基礎，是在德紹包浩斯時期：摩荷里－納基[11]、赫伯特‧拜耳[12]、揚‧奇肖爾德[13] 等人所確立並實踐的文字排印設計。並且，常常使用伯托特（Berthold）鑄字廠在十九世紀末所鑄造的無襯線字體 Akzidenz Grotesk。

穆勒－布洛克曼的轉折不僅是表現手法的轉折，也是一個設計師對社會的定位轉折。對他來說，平面設計是要表現出某個主題本身的價值與特性，必須消除偏頗，而且簡單明瞭。如果根據主觀解釋在設計中加入某些資訊，就無法正確掌控設計的影響力，而這是不負責任的行為。對他來說，客觀並且中立，是他對自己的設計負全責的必要條件。我們必須考慮他這樣的思想轉折，才能掌握他轉折的原因。

代左右開始專注於畫家活動。洛斯將自己的平面設計定義為「結構性平面設計」，是決定瑞士派方向的重要角色。

[10] 《Allianz》展的展覽目錄封面，蘇黎世藝廊，1942 年。由馬克斯‧比爾所設計。

音樂會海報　三十歲至五十歲

這次轉折，為他的設計的可能性拓展了新天地。他的主要設計舞台之一，就是1950年三十六歲起直到他五十八歲的1972年為止，蘇黎世音樂廳協會請他製作的一系列音樂會海報。（pp.125-170）

我們所熟知的穆勒－布洛克曼作品，就是在這個時期誕生的。這些海報是將他的名號從瑞士國內推上國際的代表作，並引導了第二次世界大戰後的平面設計，建立起歷史地位。他的平面設計可以說就是在這個時候開創出了新天地，從中發展出來的作品成了平面設計史轉折的關鍵。

在欣賞這些穆勒－布洛克曼設計的音樂會海報時，最先感受到的應該會是他無與倫比的高超表現力吧。他受到具體藝術的影響，使用抽象型態、色彩、文字排印來表現音樂的節奏、旋律、聲響，具備獨特的張力與數學的清晰感，力道強勁而帶有詩意，展現出構成式海報的一座里程碑。

他較常使用 Akzidenz Grotesk 字體，當然偶爾會使用 Helvetica 字體。除了極少數的

例外，海報尺寸都採用1917年瑞士所制定的正式海報規格「世界規格」（Weltformat：90.5×128cm）[14]。

至於紙張種類與印刷版型，他會按照表現目的精準挑選使用。比方說他大多時候使用單面光面的塗佈紙（以塗佈或滾輪熱壓產生光澤的紙，瑞士從戰前就經常用於印製海報），少部分海報則選用雙光面的塗佈紙或色紙。印刷方式則有凸版印刷（活版印刷或浮雕版印刷）、平版印刷、網版印刷，亦或是同時混用多種方式，依據設計的方向性來彈性採取印刷方式的選擇。

比方說本書的132-133頁所刊載的海報，就是用白色油墨印在黑色紙張上，使用網版印刷可以將厚重的油墨印上紙面，產生白色文字與圖樣似乎要跳出來的感覺。146頁所刊載的海報有美麗的疊色效果，則是由凸版印刷多次套印，最後才用鉛字印上勁道十足的黑字，氣勢十足。

光看這些技術運用，就知道穆勒－布洛克曼這位平面設計師有多用心，多高明。

海報是傳遞資訊的傳令兵，而看他的海報

---

[11]　摩荷里－納基（László Moholy-Nagy，1895-1946）

匈牙利出身的攝影師、畫家、平面設計師、美術教育家。1919年到1928年間在包浩斯任教，積極鑽研攝影與文字排印，發展創新的造形理論，並依照新理論建構教育課程。1937年逃亡至美國，在芝加哥成立新包浩斯學校，並在當地推廣包浩斯的教育理念。

[12]　赫伯特・拜耳（Herbert Bayer，1900-1985）

生於奧地利的畫家、設計師、攝影師。1921年進入包浩斯，1925年成為包浩斯的教師。嘗試以簡潔又具有功能性的設計，統一包浩斯所有印刷品的感覺，建立了包浩斯風格。1938年流亡至美國，從事廣告代理商顧問、廣告製作、展覽設計、繪畫製作等工作。

[13]　揚・奇肖爾德（Jan Tschichold，1902-1974）

生於德國的排印設計師。父親曾任字體設計師，受其影響，在1919至1921年間學習歐文書法。1923年參觀包浩斯展覽後深受感動，從此透過實作與著作提倡「新文字排印」，其原理莫基於立體派、未來派、達達主義、構成主義、荷蘭風格派（De Stijl）、包浩斯等藝術運

會發現一項特色，就是「冷靜」。通常他的海報所傳遞的資訊只會有演出名稱、戲碼曲目、表演者等，完全不記載對演說內容的主觀印象，只有客觀的文字資訊。字體種類與字體大小也盡量單純，版面全都遵循網格系統，運用到的抽象形狀也一樣具體地表現出音樂主題。

這可說是瑞士派的經典風格，背後的用意不僅是要用心排除逾越主題以外的內容，也包含了「由觀看者自行判斷內容」的態度，力求讓傳遞者與接收者之間在雙方關係對等的情況下達成溝通。

我希望讀者能注意到這種溝通型態的價值觀，與戰爭期間政宣海報那種激動煽情的設計是完全相反的。

這種重視客觀性而非主觀性的價值觀，後來引領了戰後的平面設計。

如果按照年代排列海報，可以看出有幾種變化，這個變化趨勢在表現穆勒－布洛克曼的原創性的同時，也表現出構成式海報的情勢演變。

比方說本書 128 頁所刊載的海報是 1951 年所製作，這時候他才剛開始製作音樂會海報，也還沒有開始使用 Akzidenz Grotesk 字體，所以不像之後所創作的海報般以幾何學的抽象型態為主，具備數學式的嚴謹。

穆勒－布洛克曼大概是在他消化了數學方式的具體藝術後，也就是 1950 年代中期進入四十歲起，才建立起獨特的海報表現。尤其 1956 年所製作的海報系列，可看出他的表現手法達到前所未有的境界。刊載於 136 頁的貝多芬主題海報（根據他本人的敘述，做這張海報花了整整一個月），以及刊載於 137 頁的現代音樂家史特拉汶斯基、貝爾格、弗特納等人的海報，就是根據數學規則配置同心圓和矩形，完美表現出音樂的節奏、壯闊與聲響。

驚人的是，他的海報所採取的文字排印設計可說是完成度極高。所有文字都是使用小寫[15]，而且字體只採用 Akzidenz Grotesk，字級的大小種類也減到最少，並按照幾何學的格線來排列；透過將抽象圖形與文字輪廓以同一種位階來處理，構成了具備一致性的畫面。

動的歷史潮流之上。在年僅二十多歲時，就讓印刷現場的工人與平面藝術家們都理解了現代設計的各項原則，例如無襯線字體的運用、採用非對稱排版等。

1933 年遭到納粹德國羈押，剝奪教職，因此從慕尼黑流亡到瑞士巴塞爾。之後開始與先前所倡導的現代設計拉開距離，開始深入鑽研英國的傳統文字排印，透過企鵝叢書（Penguin Books）的字體設計和傳統 Sabon 字體設計，試圖提倡創新與傳統並存的獨特立場。

[14] 世界規格
1911 年由德國威爾海姆·奧斯瓦特所提倡的紙張尺寸系統。1922 年時的德國工業標準 DIN 所規定的紙張尺寸系統，就是以此做為基礎。瑞士在戰前就大多使用這項紙張系統，如今的瑞士海報仍沿用。

[15] 1921 年進入包浩斯學校就讀的赫伯特·拜耳，從包浩斯畢業之後就擔任學校教職。1925 年，他設計了一款無大寫的字體「Universal Alphabet」，這套字體反映出重視經濟性與合理性的包浩斯精神，這種小寫表示的排印設計深受後來的現代主義者所喜愛。

往後，穆勒－布洛克曼以各種方法發展構成式的海報設計。1950 年代後期到 1960 年代前期、也就是四十至四十五歲左右，他把數學式思維也套用在色彩上，開創出新的表現手法（pp.146-153）；1960 年代後期（五十歲）開始，重心則從抽象圖像轉至文字，嘗試以文字排印達到相同效果，這樣的海報作品比例有所增加（pp.154-163）。

他透過音樂會海報所實現的這個進程，加上他同時運用相片製作的海報設計，成為了代表瑞士派的經典範例，從 1950 年代起就不斷受到世界各國提起，即使問世至今已超過五十年，還是持續發揮著影響力。這個事實也完全印證了穆勒－布洛克曼的轉變——從三十歲中期的轉折，到四十歲之後開創全新的境界——幾乎完全等同於平面設計史的轉折。

教育活動　四十歲之後

穆勒－布洛克曼的轉折不僅止於表現手法，當他過了四十歲，明顯可見轉折影響了他整個人生。

正如之前所述，穆勒－布洛克曼從這個時期開始脫離了舞台藝術、人偶雕刻、插畫等領域，專心投入平面設計。

他所追求的設計與表現手法，已經可以說是個平面設計師了。透過平面設計這個職業，他找到了自己的創作在社會上的定位，意識到自己的使命，並有心想要成為社會的一份子。

或許就在這個時候，他心中有了明確的念頭，想透過平面設計對社會做出貢獻——也就是注意到了平面設計師的社會責任。這為平面設計應扮演的角色進行了定義，從這

左圖：路上張貼的音樂會海報，蘇黎世，1958 年

16　漢斯・諾伊堡
（Hans Neuburg，1904-1983）
生於波希米亞（現為捷克的克拉利基），靠自學成為平面設計師。在蘇黎世廣告業界累積經驗之後，於 1928 年進入廣告代理商麥斯・達朗擔任廣告文案寫手。1936 年，成立自己的工作室。從 1930 年代起經手海報、商標、型錄、編輯設計等工作，對常用建構手法為主的瑞

點看來，這正可以稱得上是一種理念。

這也意味著，對他這個生長在貧困家庭，必須靠一己之力開拓未來的人來說，平面設計的定位原本只是「求生存的手段」，卻逐漸轉變為「讓社會更加美好的方法」。這讓從中學畢業之後就立志鑽研造形表現的他，第一次有了能夠滿足他的「抱負」的沃土。

或者可以說，他認為自己所選擇的職業必須要投注整個人格，也唯有投注整個人格，他心中的「抱負」才能真正實現。在穆勒－布洛克曼的心中就是懷有這樣龐大的熱情。他終於在平面設計師這樣的行業裡，找到了滿足自身渴望的方法。

在 1957 年四十三歲時，他受蘇黎世應用美術學校聘為平面設計專班的班主任，繼承恩師恩斯特・柯勒的衣缽，讓他對平面設計師這一行所懷抱的熱情又更加高漲。他將既有的傳統式、應用美術式的課程，更新為重視文字排印與社會參與的近代化教育。由於他的改革太過激進，使的這段教職期間極為短暫。

1962 到 1963 年間，他應烏爾姆造形學院校長馬克斯・比爾的邀請，擔任約聘講師。

他還參加過各種演講活動，藉此將他的教育推廣到國際上，例如 1951 年參加亞斯本設計會議，1960 年（四十歲）參加在東京舉辦的世界設計會議且登台演說等。

新平面　四十四歲至五十一歲

1958 年 6 月，由穆勒－布洛克曼提議，理查・保羅・洛斯、漢斯・諾伊堡[16]、卡羅・維瓦列里[17] 等人贊同並共同參與構思的國際設計雜誌《新平面》（Neue Grafik）創刊，具有決定性的意義（1965 年停刊）。

這份雜誌的成就，在於將當時瑞士興起、重視客觀性的平面設計風格與構成性表現手法，推廣到全世界。

日後，他們的表現手法與態度被稱為「瑞士派」（又稱為瑞士風格、國際主義排印風格）。不論是從理念上或是表現手法上，他們都宣告自己要以一種獨立且中立的立場去傳遞訊息，指出了這種平面設計師的社會責任和這項職業應有的樣子。這呼應了第二次世界大戰結束後的全球性的反省氛圍——

士派設計帶來刺激性的影響。1950 年代擔任《星期》（Die Woche）週報的美術編輯，並參與創辦《新平面》雜誌。同時在瑞士與各國參與展覽設計，除了本行的平面設計之外，也有畫家、美術評論等方面的活動。

[17]　卡羅・維瓦列里
（Carlo Vivarelli，1919–1986）

生於瑞士蘇黎世。平面設計師，具體藝術家。在蘇黎世的工作室學藝四年之後，1939 年前往巴黎，讀了數間學校，1946 年在米蘭的工作室擔任總監，之後才在蘇黎世成立自己的工作室。1958 年，他的平面作品與漢斯・諾伊堡、理查・保羅・洛斯等人一同在蘇黎世工藝美術館的「構成式平面」展中展出，而後被介紹到德國、瑞典、義大利、美國、日本等許多國家，獲得許多獎項。從 1950 年代起開始繪製具體藝術畫，1960 年代起從事雕刻，致力於創作純藝術作品。

從實際的戰爭經驗到「愈是大量屠殺，人類就愈瘋狂」──也奠定了戰後的平面設計方向性。

著作活動　五十歲之後

即使到了五十歲，穆勒－布洛克曼的人生還是不斷成長。

1965 年（五十一歲），他與兩位企圖振興具體藝術的合夥人，在拉珀斯維爾成立了「藝廊 58」（1974 年改名為「湖畔街藝廊」，1990 年結束營運）。1967 年（五十三歲），與三名合夥人成立「穆勒－布洛克曼公司」（1984 年結束營運），設計事務所成立在蘇黎世車站前，成為同時期設計師們的聖地。

這一年，他也與自己教課於烏爾姆造形學院的學生吉川靜子結婚（第一任妻子費雷娜於 1964 年車禍身亡）。

1960 年代起，他著手編纂各種著作。他整理出來的第一本著作，內容是在蘇黎世應用美術學校任教的四年間所建立的教學方法，書名為《平面設計師的設計問題》（1960 年，四十七歲）。這本書開頭就寫到「從插畫家轉為平面設計師的方法」（本書開頭序文），就像是應時代呼喊而出現的書，不僅受到該時代讀者的歡迎，如今依舊不斷再版。

有趣的是，他與吉川靜子結婚之後就更快地從事著作活動。1971 年（五十七歲）不僅出版了《視覺傳達的歷史》，還出版了史上第一本以五個不同主題來分類海報的書本《海報的歷史》（後者為他與吉川合著）。1981 年（六十七歲）則是出了《平面設計中的網格系統》，如今已成為經典名作。

在 1980 年代的尾聲，他根據在 IBM 歐洲總部擔任顧問的經驗，替該公司基層員工寫了一本平面設計的入門書《IBM 的平面設計》（1988 年），後來又出版了《相片海報史》（1989 年，與卡爾・沃普曼合著）。到了 1994 年，也就是八十歲的那一年，由拉爾斯・穆勒出版社出版了本書第一部分所收錄的自傳《我的人生：玩得認真，認真地玩》。

平面設計師的夢想

約瑟夫・穆勒－布洛克曼透過作品、著作、

教育活動，成為了歷史性的人物。在他經歷的人生中，完成他的「抱負」，就是統合他思想、表現手法與人格的過程。而他所達成的轉變，正宣告了這個過程對他個人整體而言的具體起點。

在這一路上，他開創了平面設計的新天地。追求客觀性、中立性與一致性的構成式平面設計與網格系統，為他的開拓壯舉提供了穩定的基礎。這並不只是在平面設計領域中讓理念和表現手法一致的工具而已，他可是把自己的人格都賭在這個新天地之中——或許對他自己而言，不徹底做到這個程度就沒意義了。

也正因如此，他即使功成名就，還是做出了「轉折」，之後更在從事平面設計工作的同時，進行教育、演說、著作等活動，藉此變得更加成熟與創新。就這方面來看，他所追求、嚮往的已不只是理念與表現手法的統一，而是人生與職業的統一。

本書所收錄的這份自傳之所以打動我們的心，原因之一是他抵達這個境界所經歷的路程，在於不斷拿捏自己的資質，並始終以非常自我、非常誠摯的態度，沿著自己的資質去提升自我。

他想在平面設計中發掘的價值，也已經與他想從自身發掘的價值合而為一。或許從這點來看，他的夢想，也正是所有平面設計師所追尋的理想。

穆勒－布洛克曼的作品，就是他對平面設計的夢想化為現實的成果。他經過特定程序印刷、複製而成的作品，正是一場能與他人共享、卻同時也回歸他自身的夢。透過視覺傳達，時代共同擁有了他的夢想、他的「抱負」，於是他所經歷的轉折，成了歷史的一頁。他透過將個人的夢想傳播到社會上，與社會共有，達成了這個歷史的進程。

回顧歷史，我們看見的是做為一位平面設計的巨匠——或者說做為一位歷史性人物的穆勒－布洛克曼，以及他的那些作品。但光靠這些，很難真切感受到他所追求的平面設計之夢。我們必須回溯到這個夢想的出發點，品味一連串的故事，否則無法看見他真正所追求的事物。

當我們去認識做為一個人的穆勒－布洛克

下頁圖／
《新平面》的討論筆記，
日期為 1956 年 2 月 15 日。

翻譯：
現代平面設計雜誌之創辦討論會議
備忘錄
出席人員：
約瑟夫・穆勒－布洛克曼，蘇黎世

漢斯・諾伊堡，蘇黎世
理查・保羅・洛斯，蘇黎世
卡羅・維瓦列里，蘇黎世
於蘇黎世瑟班餐廳，
1956 年 2 月 15 日晚上 8 點

穆勒表示要創辦一本現代平面設計的雜誌，請出席人士幫忙。這件事情先前已經提過，也獲得眾人承諾協助，終於在今天才正式邀請眾人參與設計與編輯。本雜誌欲達成的目標如下：
以「新平面」為標語，揀選出當代最優良的平面設計案例，提升現代平面設計的品質。雜誌名稱為「新

Protokoll über Besprechung betreffend Gründung einer
Zeitschrift für moderne Grafik.

Anwesend: J.Müller-Brockmann, Zürich
          H.Neuburg, Zürich
          C.Vivarelli, Zürich
          R.P.Lohse, Zürich

Restaurant Seilbahn, Zürich, 15.Februar 1956, 20h.

Müller orientiert die Anwesenden über einen Plan zur
Herausgabe einer Zeitschrift oben genannten Charakters
und fordert zur Mitarbeit auf. Es wird einstimmig die
Notwendigkeit der Schaffung einer derartigen Zeitschrift
anerkannt und die Mitarbeit wird zugesagt. Eventuell
sollen weitere Grafiker zur Mithilfe in dieser Heraus-
gebergruppe aufgefordert werden. Letztere würde gleich-
zeitig die redaktionellen Arbeiten betreuen. Die Zeit-
schrift hätte folgende Aufgaben zu erfüllen:

die Qualität der modernen Grafik durch Darstellung ihrer
besten Erzeugnisse zu heben, wobei unter dem Stichwort
"moderne Grafik" die mit den Mitteln dieser Zeit gestalte-
te Grafik verstanden wird.

Die Zeitschrift trägt den Titel: Neue Grafik
Texte und Legenden mehrsprachig. Diese sollen einen
kritischen Kommentar zum Bildteil darstellen.

Neue Grafik erscheint 4 bis 6mal jährlich. Der Umfang
ist noch festzulegen.

Vivarelli übernimmt die Gestaltung der ersten Maquette
zur Erstellung einer Diskussionsgrundlage und zu Verhand-
lungen mit Verlagen oder anderen Interessenten.

曼，也才同時認識他賭上自己的人格所追求的平面設計之夢。這不僅讓我們重新理解了他的作品的可貴，或許更讓我們理解了平面設計師這份職業的可貴，讓他成為足以能夠承載這些夢想的器皿；以及願意為了這份夢想賭上人格的人生的可貴。說到底，有什麼能比一個人的夢想更尊貴呢？

［接續 185 頁］平面」，以多國語言出版。雜誌中刊登的作品都要附加評論文章。
《新平面》初步預定每年至少發行四到六期，後續將再進一步檢討出版的節奏。
維瓦列里準備了第一期的封面設計範本，可用於與出版社和其他合作夥伴進行交涉。

穆勒－布洛克曼與吉川靜子[1]

約瑟夫・穆勒－布洛克曼的妻子——吉川靜子，1934 年生於福岡縣大牟田市。十八歲那年前往東京，就讀津田塾大學英文系，大學畢業後從英文轉跳至東京教育大學（現為筑波大學）就讀工藝建築系，就此踏進了造形藝術世界。從東京教育大學畢業之後，她前往德國南方的烏爾姆造形學院，接受兩年的視覺傳達課基礎課程教育，要升上三年級之前休學。後來就搬到蘇黎世，成為平面設計師開始活動。

與約瑟夫・穆勒－布洛克曼於 1967 年結婚，此時她已開始在環境設計領域活動，但同時也慢慢專注在具體藝術領域，進行造形藝術家活動。在這之後，她成為一群在蘇黎世找到獨特路線的具體藝術家「蘇黎世具體派」（Zurich Concrete）的第二代成員，以蘇黎世做為活躍據點，進行了長達半世紀的創作活動。

她系統化的方法論，以及兼具聰明與哲學性的作品，讓觀眾看了就聯想起日本的感性，因此獲得國際性的好評，作品更被收藏在日本、比利時、德國、芬蘭、法國、義大利、奧地利、瑞士、瑞典、美國等各國的美術館。1992 年，獲頒卡米爾・葛雷薩二等獎。2007 年，作品獲得蘇黎世美術館選為館藏傑作，並與瓦西里・康丁斯基（Wassily Kandinsky）、提歐・馮・杜斯伯格（Theo van Doesburg）、皮耶特・蒙德里安（Piet Mondrian）等人齊名，被認為是抽象及構成主義藝術發展史中的重要創作者。

---

[1]　本節是以替《swiss design stories: form and cultural affinities across japan and switzerland》（瑞士駐日使館，2018 年 2 月發行）所撰寫之文章〈約瑟夫・穆勒－布洛克曼與吉川靜子〉（ヨゼフ・ミューラー＝ブロックマンと吉川静子）為基底，並加以大幅補充、修飾與重組而成。

[2]　卡米爾・葛雷薩
（Camille Graeser，1892–1980）生於瑞士日內瓦的畫家。當木匠學徒出師之後，1913 年至 1915 年於司徒加特皇家美術工藝學校學習家具與室內設計，同時自學繪畫。1915 年至 1916 年，在柏林當家具設計師，1917 年在司徒加特成立了室內設計、平面廣告工作室。1918 年，參加德國工藝聯盟。1933 年回到瑞士，就在蘇黎世專注於藝術活動。1937 年，參加蘇黎世具體藝術家團體「Allianz」，參加過許多展覽。該團體除了畫家卡米爾，還有馬克斯・比爾、韋莉娜・雷班斯堡、理查・保羅・洛斯等人。

即使有如此成就，吉川靜子做為造形藝術家在日本卻鮮為人知，只有少數人知道她是穆勒–布洛克曼的妻子。然而她所走過的路，就與穆勒–布洛克曼一樣含意深遠，值得我們學習。

吉川靜子幼時經歷第二次世界大戰，是所謂的戰爭遺跡世代（焼け跡世代），她見證了日本在戰後復興期間對設計啟蒙的時期，最後更領導了設計潮流。與她同一個世代的藝術家還有田中一光（1930–2001）、永井一正（1929–）、杉浦康平（1932–）、向井周太郎（1932–）、橫尾忠則（1936–）等赫赫有名的人物。

1952 年，吉川靜子前往東京，三十歲之前的年紀都在津田塾大學和東京教育大學（現為筑波大學）當學生。吉川靜子的腳步，與設計在日本萌芽、扎根、形成能量引導時代的歷史演變不謀而合。

就如同穆勒–布洛克曼的人生一樣，我們也能從吉川靜子的個人史之中看出與社會史之間的互動。她之後所展開的行動——前往德國就讀烏爾姆造形學院兩年，遷居蘇黎世，成為平面設計師，然後與穆勒–布洛克曼結婚，並成為了造形藝術家，至今約半世紀。她的這些行動告訴我們的，不僅是造形藝術的意義或美妙，還有當一個造形藝術家的美好之處。

這節，我們要聚焦在吉川靜子走過的路，透過描繪她的步伐，去對歷史、個人、平面設計、純藝術、造形藝術等進行思考。畢竟穆勒–布洛克曼與吉川靜子共有的價值觀，很明顯不受其他特定領域的設計或藝術所左右。兩人共同享有的事物，比這些更重大、更珍貴，替人生與造形藝術之間的關係打下基礎。

圖：約瑟夫・穆勒–布洛克曼與吉川靜子
攝於蘇黎世郊區溫特恩格斯特林根的家中。

世界設計會議　1960 東京

1960 年 5 月，「世界設計會議」（WoDeCo：World Design Conference）於東京大手町的產經會館國際廳舉辦。主題定為「本世紀的整體樣貌——設計師能對未來社會貢獻甚麼」的這場會議，從全球二十七個國家邀請了八十四名設計師，以及從日本國內邀請了一百四十三名設計師，齊聚一堂討論設計與相關領域的各種問題。這場國際會議無論規模或主題，都是第二次世界大戰之後設計史上的一大盛事，享譽全球。

在世界設計會議開辦之前，日本已經於 1950 年代迎接空前的「設計潮」，所有百貨

公司賣場、展覽會場、報章雜誌，全都充滿了「設計」一詞，儼然成為流行語。這是「設計」在日本歷史中第一次獲得公民權的時代（以往都稱為「商業美術」、「意象」、「圖案」、「工藝」等等，當然也還沒有「設計師」這個詞或行業）。

舉辦世界設計會議的背景，就在於日本社會對設計的關注程度愈來愈高。然而，在世界會議舉辦前後，「設計」一詞的意義卻大不相同。世界設計會議完成了一個歷史性的任務——徹底改變了日本人對於「設計」一詞的認知。

1950 年代，日本人開始關注設計，是因為從產業界到普羅大眾都具備一個思維：想實現更好的生活，就需要更好的設計。在通產省（編按：日本當時主管市場經濟的中央行政機關）等政府機構，以及部分先驅設計師、評論家的努力之下，各界終於理解設計是生活的結構元素，好設計更是取得外匯不可或缺的元素。

世界設計會議在歷史上的重要性，就是將民眾心目中對設計的認知，從「帶來更好

圖：世界設計會議會場
東京產經會館國際廳
1960 年 5 月
從全球二十七個國家邀請八十四名設計師，以及從日本國內邀請一百四十三名設計師，齊聚一堂開會討論。

的生活」這種個人觀點，提升到一個更大的觀點叫做「設計師如何對未來社會做出貢獻」。設計並不只是與「生活」這種個人問題有關，設計與廣大的產業結合，能對現代社會產生巨大影響，設計背後的思想性甚至能掌控國際社會的走向──世界設計會議，就是造成了這樣的意識轉換。

此外也應當留意的是，這場會議亦包含了「希望能跨越 1945 年第二次大戰結束後的世界頹敗」的強大意志。這股意志起源於第二次世界大戰的體驗，不僅日本有，全世界也都有。正因如此，這場世界設計會議的舉行才有了國際性的意義。

以這個時代為分水嶺，「設計」成為一個從物理面與精神面跨越戰後頹敗的關鍵概念。就這層意義來說，翌年 1961 年決定了將於東京舉辦的 1964 年東京奧運，更等於世界設計會議的延伸，是這個透過設計迎向未來的意志的具體成果。

1950 年代到 1960 年代之間可說是個火熱的時代，戰前、戰時、戰後三個世代的設計師跨越世代，在「設計」這個口號之下集

結，放眼未來，百家齊鳴。世界設計會議，就是這個時代局勢的象徵[3]。

這個時代也是日本開始包容、內化當代設計的時代。為了更仔細觀察這點，讓我們回頭看看 1950 年代的局勢，將更能看清日本與瑞士的關係。

1950 年代的日本

1950 年代，日本經歷了第二次世界大戰戰敗，進入準備重新建構一個新社會的孕育期。這時候「設計」被當作了一個不可或缺的要素。日本的天然資源本來就比較匱乏，想獲得外匯，大部分都仰賴出口產業。如果要發展出口產業，就必須要有價格便宜、品質高，而且具有文化價值的產品。這是自明治時代開國以來所奉行的方針，然而直到第二次世界大戰前後的期間，工業技術迅速發展，才有人開始提倡必須讓傳統工藝的現代化，或者要推動結合工業技術的現代工藝。

對這個問題做出巨大貢獻的，就是於戰爭結束隔年的 1946 年，日本重新啟動的「商工省工藝指導所」。二戰前夕的 1928 年，日

[3] 這場會議在尾聲時頒布了〈世界設計會議東京宣言〉，內容刊載如下：

「我們身為現代人，跨越了種族、語言、國家的藩籬，在此相遇、理解，重新確認彼此言語的價值。／我們堅信，當今世界需要這種互相理解、互相奉獻的場合。／我們確信，將來若要建立有尊嚴的人類生活，就需要比現代更強

大的人類創造活動，同時也體認到，我們設計師對時代有著多麼重大的責任。／我們在這場東京會議所點起的明燈絕對不會熄滅，並且發誓我們設計師絕對不會放棄對下個時代的責任。／我們提倡，在這場東京會議之後，將會有國際性機構的活動開展，為了下個世代的人類幸福，探索更確實的印象。」──世界設計會

議議事錄編輯委員會〔編〕《世界設計會議議事錄》美術出版社，1961 年 11 月 30 日

本政府成立了一個包含研究機構的部門，名叫「工藝指導所」，希望能振興設計與工藝的研究。工藝指導所發行刊物《工藝新聞》（1932–1973 年）來介紹國內外的設計局勢，以社會與產業的啟蒙為使命。隨著二戰更加激烈，工藝指導所一時暫停活動，但戰爭結束的隔年就重新出發，追求同樣目標。1952 年，工藝指導所納入通商產業省之下，改組為「產業工藝實驗所」。

產業工藝實驗所在戰後最重要的任務之一，就是從 1957 年開辦的「好設計商品甄選制度」（グッドデザイン商品選定制度）[4]。為了促進產業發展，提升生活品質，該單位全方位地對設計進行推薦與評價，這項制度讓普羅大眾理解到了設計的價值與必要性。而在制定這項制度的途中，最常提到的就是現代設計的象徵──包浩斯。

1919 年，也就是第一次世界大戰結束的隔年，德國威瑪成立了這所傳奇學校，直到 1933 年受到納粹迫害而關閉。包浩斯學校所建立的課程，追求產業與藝術的統一，學校內設置的工坊創造出許多近代化建築、平面設計及工業產品。也就是說，包浩斯率先創造了戰後日本所追求的工藝形式。這樣的機緣，促成了 1954 年日本聘請包浩斯第一任校長華特·葛羅培到日本任教，並且在國立近代美術館舉辦了「葛羅培與包浩斯」展覽。這場展覽，成功讓日本民眾理解了近代造形與現代設計。

這個時期受矚目的不只是包浩斯、通產省、產業工藝實驗所，以及這些單位之中的有志之士，掀起一股從國際視野追溯近代設計歷史的潮流。結果注意到了德國工藝聯盟（DWB：Deutscher Werkbund，成立於 1907 年，是創立包浩斯學校的直接契機）[5] 與瑞士工藝聯盟（SWB：Swiss Workbund，1913 年仿效德國工藝聯盟而成立）。尤其，與遭納粹迫害而被迫與包浩斯學校在 1933 年關閉的德國工藝聯盟不同，瑞士工藝聯盟在第二次世界大戰期間仍持續活動，走出自己的路而大受矚目。戰後日本對設計的理解，就是這樣建立起來的。

瑞士跟日本都一樣缺乏天然資源，但與日本大不相同的是，瑞士製造業自大戰之前就

---

[4] 1957 年由通商產業省所成立的「好設計商品甄選制度」（俗稱 G 標制度），目的是從生活中各個領域找出促進產業發展、提升生活品質的設計，並且大力推廣，是日本唯一的綜合設計評選運動。當初會開始這項運動，用意之一也在於打擊盜版。
1998 年之後，改由公益財團法人日本設計振興會（日本デザイン振興会）來主辦，如今依舊持續進行。這是全球規模與績效名列前茅的設計獎，國內外都有許多企業與設計師參加。

[5] 德國工藝聯盟成立於 1907 年，目的是肯定機械生產，提升產品品質。考察過英國「藝術與工藝」運動的赫爾曼·姆提宙斯，以及各領域人士，甚至設計師之外的人都加入會員。聯盟口號是「透過藝術家、業界企業家與工匠的合作，提升工業產品品質」。德國工藝聯盟成立沒多久，1910 年奧地

已經有了國際地位。象徵製造業能量的瑞士工藝聯盟，當然受到了日本矚目。

瑞士工藝聯盟的成員不僅限於建築、工業產品、平面設計等設計領域，也包括繪畫、雕刻等純藝術領域，甚至是美術館館員、學校教職員等各方領域的成員，這點可說是相當先進。而且該聯盟是民間團體，卻又能獲得瑞士政府出資贊助，在國際上也是很有特色的體制。再者，聯盟透過發行《勞作》（Das Werk）這份刊物來推動啟蒙活動，有段時間對日本知識分子來說，該刊物是唯一取得海外情勢的管道。

生於瑞士溫特圖爾的雕刻家、畫家、產品設計師、平面設計師兼建築師馬克斯・比爾，當時靈機一動將瑞士工藝聯盟所收到的建築、產品、紡織品、平面圖樣，各種設計領域的優秀物品都集合起來，在 1949 年辦了一場巡迴展覽稱為「好的形式」（die gute form）；然後從這場展覽再衍生出了設計啟蒙運動——好設計運動（也就是日本「好設計」評審制度的起源），成為其他國家的先驅。而幾乎同時，美國紐約現代美術館（MoMA）和英國設計協會（Design Council）等各國機構也開始推廣好設計運動，迅速成長為一股世界潮流。

從歷史上來看，這股潮流代表大戰之後的世界想要透過設計來建立新的國際社會，好跳脫戰前的窠臼。而這股潮流最重要的出發點，就是以包浩斯為象徵的現代設計。日本的動態也跟隨著這股國際潮流，尤其這時的日本也幾乎同時接收了包浩斯與好設計的理念，讓兩者結合得更加穩固。這樣的機緣，讓戰後的日本與瑞士有了在設計領域接軌的第一個機會。

說到由日本產業工藝實驗所領導的戰後活動，到最後甚至擴大到影響了整個社會。1954 年的「葛羅培與包浩斯」展覽，1957 年的「好設計商品甄選制度」，從這兩項活動舉辦以來，日本報章雜誌開始提了「設計潮」（デザインブーム）這個詞 [6、7]。

這股浪潮一出來，立刻有許多個人、團體前仆後繼地跟上，引領了日後的日本設計。1951 年，日本成立戰後第一個平面設計師團體「日本宣傳美術會」（日宣美），該年就舉

利工藝聯盟亦成立，1913 年則是瑞士工藝聯盟成立，1910–1917 年有瑞典的 slade 運動，1915 年英國工業設計協會（D.I.A.）成立，可見國際影響力驚人。

[6] 「好設計這個名詞，聽起來似乎有某種魔力，當時常常被拿來當成商品的文宣。首先是東京某家百貨公司以這個名詞來開設專區，之後就隨處可見，從都市擴散到地方，讓好設計連結到摩登、近代生活等概念上。此外，也慢慢出現了設置精選品味優秀商品的賣場專區的風潮。」

——〈關於好設計甄選〉，《工藝新聞》第 26 卷 10 號，1958 年 1 月，p.2

辦了日宣美展；後來整個 60 年代，日宣美展一直是新舊世代互相切磋的舞台，對年輕世代來說更是進軍平面設計的大好機會。緊接著又出現 1952 年的「東京藝術指導俱樂部」（東京 ADC）、「日本工業設計師協會」（JIDA）；1953 年的「日本設計學會」、「國際設計委員會」（日後改為日本設計委員會）等。國際設計委員會不僅對建立好設計商品甄選制度貢獻良多，更達成了歷史性的任務，統合各個團體，辦成了 1960 年的世界設計會議。

設計潮流一出，簡直銳不可擋。1955 年，原弘、河野鷹思、龜倉雄策、伊藤憲治、早川良雄、大橋正、山城隆一等日本設計師代表，加上從美國邀請來的保羅・蘭德，以多件作品舉辦了「平面 55」（グラフィック 55）展覽。這是日本史上第一場以海報為美術展覽品的展覽，值得紀念。

同時期也有許多各式設計雜誌創刊，首先是 1953 年的《idea》（アイデア），接著是 1955 年的《Living Design》（リビングデザイン），1959 年的《Design》（デザイン）、《Graphic Design》（グラフィックデザイン）等等，都達成了引領時代的使命。

如此可見，整個 1950 年代，日本對現代設計的重視與致力，從通產省／工藝指導所等政府機構，擴大到了民間團體、產業界、設計界，乃至於普羅大眾。而世界設計會議，正是在這個時期召開的。

約瑟夫・穆勒－布洛克曼

這場世界設計會議，其中有三名瑞士設計師登場，包括當時瑞士工藝聯盟的代表，建築師、產品設計師兼展覽設計師亞弗瑞德・阿特爾[8]、平面設計師麥斯・胡伯[9]，以及約瑟夫・穆勒－布洛克曼。

當時，1958 年的《idea》雜誌就已經介紹了從 1950 年代開始出現的構成式思維音樂會系列海報，所以在當時的世界設計會議舉辦之前，就已有不少的日本人聽說過穆勒－布洛克曼的名字[10]。

穆勒－布洛克曼的音樂會海報，能夠以抽象的型態、色彩、文字造形來表現音樂所具備的節奏、旋律和聲響，具備過去平面設計

[7] 「最近這三、四年間，設計一詞成為記者們爭相採訪的話題，社會也多少有些追風的感覺。民眾在這麼短的時間裡，就對設計如此關注，而少數設計師的地位與待遇提升之快，令人簡直不敢置信；如果光從表面看這項事實，設計潮這個詞說來或許相當恰當。（新井誠一郎）」

——〈你怎麼看設計潮？〉，《工藝新聞》第 22 卷 9 號，1954 年 9 月，pp.8–14

[8] 亞弗瑞德・阿特爾（Alfred Altherr, 1911–1972）生於瑞士巴塞爾，曾在巴黎於勒・柯比意的門下工作過，後來成為工業設計師。1913 年成為瑞士工藝聯盟第一屆會長，推廣馬克斯・比爾所提倡的「好的形式」運動。1960 年，在世界設計會議以「好設計與瑞士工藝聯盟」為題進行演說。

所沒有的獨特張力，以及數學的清晰感、力道甚至詩意。他的作品令人聯想到瑞士的純淨空氣，與包浩斯的潮流一同發展，互相影響，兩者處在從具象往抽象的現代藝術系譜上。穆勒－布洛克曼的作品與從第二次世界大戰前發起的純藝術、包浩斯息息相關，似乎預告著新的平面設計之風即將吹來。

他的音樂會海報就是具有這樣的象徵性。雖然與其他同性質設計師的作品相比，他的作品較早被引介到日本也可能是原因之一，但是以視覺來表現音樂這個主題，已經超越了過去的具象畫，而他成熟的數學性表現手法，更是讓人能一目瞭然其創新與簡明，這才是他出名的最大原因。實際上，他在年輕世代之間早就是最受歡迎的設計師之一了。

平面設計師的教育

在世界設計會議落幕之後，穆勒－布洛克曼成為了日本人心目中的重要設計師之一。瑞士是永久中立國，撐過了第一次世界大戰與第二次世界大戰，日本則是在戰時擁護軍國主義，戰後制定和平憲法。穆勒－布洛克曼

成了這兩國之間以設計交流文化的媒介。

在世界設計會議舉辦之前，穆勒－布洛克曼的名字不過令人聯想到他獨樹一格的表現手法；但是在參加了世界設計會議之後，他成為了一個追求平面設計與社會、教育整合的設計師受到關注。這是因為，從他在世界設計會議上所發表的主題——「平面設計師的教育」——即可看出，他探討的不只是表現手法的問題。

穆勒－布洛克曼所探討的，是理念與表現手法應該如何結合，也就是平面設計／平面設計師的社會價值。而且他也同時探究該怎麼將這問題與教育接軌，連結到平面設計的未來。

對他來說，平面設計的存在是為了進行公平且客觀的視覺傳達。他特別的表現手法，完全體現了他深信的理念。他的平面設計，排除了普通廣告宣傳常見的煽情字句，一貫堅持只傳達中立的資訊。字體也統一只用一種，字體大小種類盡量減少，都是為了剔除不必要的資訊。以音樂會海報為例，他所使用的抽象型態，就只為了表現音樂這個主

9　麥斯・胡伯
（Max Huber，1919-1992）
生於瑞士蘇黎世，曾在蘇黎世工藝學校與廣告代理商學習技藝。1940年在米蘭工作，之後回到瑞士從事平面設計與展覽設計。1946年又回到米蘭，經手過里納珊提百貨公司、愛那伍迪出版社、雷格勒木棉、好利獲得等公司的設計案。他的設計理性而帶有構成性風格，同時用色大膽，創造出獨特的氛圍，對日本與各國設計師影響深遠。妻子是知名的插畫家兼圖畫書作家，葵・胡伯・河野。

題。而他在其他設計案中使用照片，也是一樣的原則。

他透過平面設計所展現的一貫態度，背後有個基本的準則，就是讓觀賞者自行決定如何取捨眼前的資訊及判斷其價值。他以這個準則，控制自己的作品對他人造成的影響。這是一位平面設計師身為平民百姓，對提升社會生活做出貢獻的具體方法。就這個意義來說，他所展現的是身而為人該有的職業道德。正因如此，他的理念才能夠與教育有所連結。

化學反應

穆勒－布洛克曼所提出的理念，成功獲得廣大的迴響。當時歐美的設計師，尤其是瑞士與德國的設計師，已經開始擁抱客觀性、功能性、中立性等關鍵字，提倡新的設計表現手法與理念，期望將現代設計理念推廣到戰後的世界上。穆勒－布洛克曼就是其中一人，而且他的系列作品具有讓人一見鍾情的魔力，更成為這股潮流的象徵。

在世界設計會議落幕之後，日本民眾開始從社會或經濟面來探討平面設計的理念與表現手法。無論接受與否，人們已經生活在一個要透過設計去放眼未來的時代了。

世界設計會議結束的隔年，穆勒－布洛克曼開始受邀到日本，在東京、大阪、九州等地舉辦展覽、演說，甚至還開設了相關的特別課程。同時也常常接受雜誌專訪，他的作品以及在日本的活動獲得了廣大的觸及。另外，他更透過座談會與學會，與日本的設計師和知識分子交流。

當時穆勒－布洛克曼四十六歲，已經相當圓滑成熟。他和他的作品都相當完備，足以代表在 1950 年代影響全世界的「瑞士派」。此外，把瑞士派推廣到全世界的傳奇雜誌《新平面》(Neue Grafik，1958 年創刊，1965 年停刊) 也是由他發起，與三位朋友——理查・保羅・洛斯、漢斯・諾伊堡、卡羅・維瓦列里共同創刊；1957 到 1960 年間，他在蘇黎世應用美術學校以系主任的身分去改革的教育課程，也即將開花結果。

穆勒－布洛克曼透過一連串的活動，在日本造成一波又一波的迴響，至今仍未消止。

10　《idea》第 27 期（誠文堂新光社，1958 年 2 月）封面。從第 9 頁開始介紹穆勒－布洛克曼的作品，讓他成為象徵從具象邁向抽象的平面設計師，在日本大放光彩。

實際上，當時的日本正處於經濟起飛時期，他的理念與商業主義掛帥的平面設計有些相斥。身為一個專家，應該要當個滿足顧客要求的平面設計師，還是要成為社會的一分子，保持中立，讓接收者自行取捨內容？他所提出的理念，如今依然是懸而未決的二元對立論。

對已經知道日本後來所經歷的爆炸性經濟成長的我們來說，穆勒－布洛克曼的理念或許看來太過理想化。實際上，社會也逐漸偏向商業主義掛帥的平面設計，設計與經濟的掛鉤，比對大眾展現應有的理想與未來更重要。經濟與技術的進步，帶來了數不清相似

的商品與服務，如果要區分這些事物，已經不能光靠客觀的事實（商品特性），而是要靠我們附加在商品上的「形象」。於是關鍵就在怎麼做出與其他公司不同的形象，觸動消費者的感性。同時，穆勒－布洛克曼這樣一派設計師們所宣導的客觀、中立理念，就逐漸凋零了。

這樣的狀況，確實起因於平面設計迎合了時代的要求，但另一方面，現實與理念的二元對立依然懸而未決也是原因之一。持續面臨驚滔駭浪的時代變化的我們，如今依舊無法仔細鑽研這個問題。如今，到了碰上媒體轉換期的現在，這筆債就找上門了。而或許

左圖：（前排右起）
穆勒－布洛克曼與原弘，攝於東京鳩林莊，1960 年。
此為世界設計會議閉幕後所舉辦的庭園會。

右圖：日本設計學校的課堂光景，
1961 年 5 月。右側前方的人物即是隨行翻譯的吉川靜子。

這正是我們現在應該重新聚焦在穆勒－布洛克曼上的原因。關於這點，我們會在下一節仔細探討。

無論如何，當時他所揭示的理念，也透過他懷抱的理想主義性格，間接喚起了那個時代人們的共鳴。

吉川靜子 [11]

1960 年，約瑟夫・穆勒－布洛克曼在世界設計會議中登場演說；隔年 1961 年，他再次造訪日本，透過展覽與教育活動與日本人

交流，並且參訪各地。在這些行程中總可在其身旁見到一位日本女性的身影——她是吉川靜子，是一位日後以蘇黎世為活動據點的具體藝術家，後來也成為了穆勒－布洛克曼的妻子。

由於穆勒－布洛克曼的影響，瑞士對日本來說相當特別；而另一方面，穆勒－布洛克曼不斷造訪日本，接觸日本的文化，進行教育活動，所以日本對他來說也是個特別的國家 [12]。之後，他一路看顧著吉川靜子的作品中時隱時現的日本元素，也是感觸良多。

瑞士與日本交流，以及約瑟夫・穆勒－布洛克曼與日本交流的時候，吉川靜子總是在其身旁；而她本身的歷史，也與社會史交錯出一股節奏。正因為她一路始終忠實面對自己的資質，我可以感受到許多偶然與必然為她的一生添上了色彩。

吉川靜子於 1934 年 1 月 8 日生於福岡縣大牟田市，她是家裡的獨生女，不常出外遊玩，聽說小時候就常作白日夢。她五歲那年，第二次世界大戰爆發，她的小學時期在

上圖：穆勒－布洛克曼在日本舉辦演說的光景，1961 年。

[11] 本節內容奠基於以下兩本著作，以及本書編輯吉田先生與筆者我於 2014 年專訪吉川靜子女士的內容。
吉川靜子〈找尋我自己的房間〉，《前往未知的勇氣：傳承下來的津田精神》，津田塾同學會，2000 年 10 月 7 日，pp.311-313

川本靜子〈吉川靜子：我在歐洲的房間〉，《津田梅子的女兒們：從一粒種子開始》川本靜子、龜田吊子、高橋美子〔執筆〕，多美思出版，2001 年 3 月 22 日，pp.203-210 面設計師，在日本大放光彩。

戰爭中渡過。由於大牟田是煤礦城，經常遭到空襲，小學五年級的時候就從大牟田逃到外祖父母居住的福岡縣柳川市避難。是年戰爭結束，但她依舊留在柳川市，接著就讀傳習館高中。

吉川的爺爺大澤三入，曾經就讀波士頓大學與耶魯大學，取得博士學位後歸國。大澤可說是眾所期待的棟樑，但在留學期間沒能見到雙親的最後一面，相當懊惱，於是回日本之後自願留在柳川，擔任傳習館高中的英文老師（聽說詩人北原白秋就是他當時的學生），並在 1943 年 5 月創立對月館（現為柳川高中）。大澤家族曾經是柳川藩立花家的家臣，古老的武士宅邸中收藏許多西洋書籍，而吉川靜子的父親又是通訊技師，常常搭船往來各國，所以吉川家的孩子從小就對外國抱持憧憬與好奇。

戰爭結束後，最先攻占吉川心靈的事物，就是升國中時在收音機裡聽到的西洋音樂。旋律、節奏、拍子的間隔錯綜複雜，各個旋律隨著時間交互堆疊；音樂世界讓吉川重新感受西洋文化，讓她覺察了某種神聖感的存在。吉川喜歡英文也是這個原因，異國語言有著日文所沒有的聲響、節奏與架構，背後代表的未知世界迷倒了吉川。升上高中三年級，吉川就去報考津田塾大學英文系，雖然她也考上了早稻田大學，但她希望在津田塾大學這種單一科系大學接受徹底的教育。

自己的房間

如她所願，津田塾大學是一所類似道場的學校。學生要住宿，日復一日地勤學，在校園內與教職員一同生活，可以培育心靈。升上高年級之後，也開始吸收大學外面的知識。吉川曾經為了學木雕而前往中野，也曾經泡在音樂咖啡廳沉浸於古典音樂。她受到年輕表妹的影響，對日本式的新劇產生興趣，常常看俳優座和文學座劇團的戲。聽說宿舍附近住了一位小提琴老師，吉川就跑去上課，還參加過校內的室內樂團。她可說是沉浸在新世界的未知可能性之中。

四年級的時候，她在英文學演習課程上認識了維吉尼亞・吳爾芙（Virginia Woolf）的散文《自己的房間》（1929 年），對吉川日後

---

[12] 龜倉雄策寫的以下這篇祭文，忠實呈現了穆勒－布洛克曼與日本的關係。

「1960 年是我參加日本設計中心創建的一年，忘記是那年或隔年，穆勒－布洛克曼在日本停留了三個月以上。當時我幾乎每天晚上都在銀座的酒吧與他見面，我不知道他究竟喜歡日本的哪裡，但他真的很喜歡日本，喜歡到連他住的地方都是榻榻米配紙門的日式客棧。他每天吃日本料理，但光吃日本料理讓他愈來愈瘦，我擔心他的健康，約他去吃牛排，但他還是堅持只吃日本菜。我看他這樣下去會身體更虛弱，多次勸他回去瑞士，最後他終於回國，結果聽說最後還是因為營養不良而住院了。我認為布洛克曼的設計帶有哲學性，他的結構帶著分毫不差的嚴謹，有時甚至算是禁慾，所以才讓人感覺到心靈的高尚。這點很類似日本的禪，或許這就是他喜歡日本的原因吧？」摘自龜倉雄策〈多年老友，布洛克曼之死〉，《idea》1997 年 1 月號

的人生帶來極大的轉機。「如果女性想寫詩詞小說，必須要有五百英鎊的年收入，以及一間能上鎖的房間。」——吳爾芙主張女性獨立生活非常地困難，這句話一直縈繞在吉川的心頭。因為書中所描寫的女性生活——沒有自己的房間，也沒有謀生的能力，與她的母親交疊在一起。

吉川在小學五年級與母親一同逃難到柳川的時候，父親選擇留在了大牟田。對母親來說，與父親的婚姻關係從此名存實亡。戰後，父親調至東京工作，再也沒有回家。吉川從母親身上見證到，在戰後動盪的社會中，沒有謀生技能是多麼辛苦的事情。吳爾芙的散文讓吉川清楚而深刻地認知到經濟與精神獨立的重要性。

吉川後來墜入愛河，在畢業前就與第一任丈夫結婚，為了生活前往美國銀行任職。她想要趁閒暇時做想做的事情，卻無法忍受枯燥乏味的工作內容，八個月後就離職，這是 1956 年 12 月的事。

這個時期，她看了英國文學家兼評論家賀伯‧立德（Herbert Read）的《工業設計》（勝見勝翻譯，1954 年發行日文版，原文版書名為 Art and Industry，1934 年出版。）[13]，就對設計產生了興趣。書中刊載的現代化設計，具備尖端又功能性的美感，迷住了吉川的心。這讓她想起先前音樂帶給她的崇高感。心中那股要掙口飯吃的意志，以及追求崇高事物的意志，透過設計結合在一起。

吉川下定決心再次進大學求學，歷經一番苦讀，於 1958 年 4 月考進東京教育大學（現為筑波大學）的工藝建築系。她才剛結婚不久，又要與其他年輕同學一同出發，但自認現在不做便再也沒有機會，因此每天都過得戰戰兢兢。

當時教授平面設計的高橋正人教授（1912-2001）[14] 誇獎過她的作品，成為她日後的動力。高橋正人以在日本替構成主義學打下基礎為人熟知，高橋獨自鑽研、發展包浩斯的課程，並將「構成」定位為所有造形表現的核心。就這點來說，高橋的立場跨越了純藝術（fine art）與應用美術（design）的領域，並且互相連結[15]。生於瑞士溫特圖爾的馬克斯‧比爾擔任首任校長的烏爾姆造形學院，

---

[13] 標題中的「設計」（デザイン）一詞，是該書的譯者勝見勝（設計評論家兼思想家）加上的。該書為日本史上第一本在書名中寫上「設計」一詞的書。

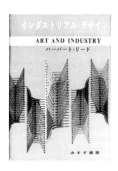

也有這樣的理念。

接受過高橋薰陶的吉川，日後會報考烏爾姆造形學院，兩者不可說是毫無關聯。

邂逅

吉川在東京教育大學就讀三年級的時候，正巧碰到世界設計會議開幕。已經從津田塾大學英文系畢業的她，熟習英文，因此學長找她在世界設計會議的事務組擔任翻譯及其他兼差工作，這促成了她與約瑟夫・穆勒－布洛克曼的相遇。

正如許多日本人一般，世界設計會議大大開拓了吉川的視野。尤其穆勒－布洛克曼在演說中提到，設計師的創作應該要客觀且中立，讓她發現了平面設計的社會性與意義。

自東京教育大學畢業之後，吉川就去讀了烏爾姆造形學院的視覺設計課程。她向宿舍附近的德國婦女學習德文，並且兼三份家教工作來負擔學費。

烏爾姆造形學院成立於 1953 年，用意是要繼承包浩斯的精神，又被人稱為「新日耳曼包浩斯」[16]。雖然以現代化理念所安排的尖端課程導致學校財務困難，創校十五年之後（1968 年）就倒閉，但卻是不斷為人流傳的傳奇學校。

吉川在這所學校裡參加了荷蘭風格派團體（De Stijl），並在畫家費德里希・佛登堡－吉爾迪瓦特[17] 的「視覺傳達」課程中學習型態與傳達內容的造形課題。後來又向穆勒－布洛克曼學習構成式造形與文字排印的平面造形，在升三年級時選擇休學。

烏爾姆派的造形教育是根據客觀性、中立性、功能性來打造，追求一種普世價值觀，擺脫所有文化、民族、國家的藩籬，具有國際性的廣度。但是吉川在異鄉求學，每天都不得不想起自己是日本人，與烏爾姆的理念可以說是背道而馳。這讓她對烏爾姆產生懷疑，她認為到頭來，能夠認同自己的理念，以及自己對於設計的普遍價值的，只有自己而已，這並非僅能透過學校教育從外界「獲得」的部分。

吉川從烏爾姆造形學院休學後的這一年，同樣留學德國的丈夫也剛好學成準備歸國。然而，她卻選擇留在了歐洲。之後她不斷探

[14]　高橋正人
生於高知縣，1949 年在東京教育大學藝術學系成立日本第一個構成學專攻班，替日本美術教育打下了構成學的基礎。曾任桑澤設計研究所教授、日本設計學會理事長。1947 年成立高橋設計研究所（1952 年改名為視覺設計研究所），繼續指導後進。

[15]　以下這篇文章，講述了構成藝術的本質與其教育上的應用，是理解高橋正人的先進性的最好例子。「包浩斯式的教育，結合了工業生產與藝術兩個領域，也就是結合了機械與藝術家，讓藝術家替大量生產的產品做設計（當時以機械生產物品是工程師的工作，還沒有所謂設計師這門行業），也同樣讓建築師、美術教育家皆投入這個領域。（中略）基礎教育不僅在學習藝術的一種風格、表現手法或者技巧，更是要深入探討人類造形活動的本源，以全人的創造性發展為目的。不只針對設計師或建築師，所有種類的造形藝術家——畫家、雕刻家、攝影師、舞台藝術家等等，都該具備現代化的能力，對社會做出

索自己能夠做的事情，獨自周遊各國，事實上，這也就等於與第一任丈夫離婚了。這年是 1963 年。

吉川已然下定決心走這條路，尋找自己的房間，她無法放棄。她在人生中不時展現出的決心，決心背後所隱藏的熱情，以及發自內心的真誠光輝，與穆勒－布洛克曼可說是出奇地相似。

穆勒－布洛克曼也是個不斷追求自我之道的人，由於他的熱情與真誠，這條路才會充滿轉折。他一開始做設計只是為了討口飯吃，後來轉變方向，要當個對社會有貢獻的公民。這使他在三十幾歲脫胎換骨，擺脫了先前插畫家、舞台藝術家、人偶作家等職業生涯，大大轉向以音樂會海報為代表的客觀的、中立的、構成式的設計。

在蘇黎世應用美術學校和烏爾姆造形學院等各國學校進行教育活動，又在世界設計會議上台演說，都是為了要提升自我。他的步伐，已經從經濟獨立轉向自我實現，在造形表現與思想上都達成了巨大的轉折。

對他來說，提升自我與解放自己的熱情有密切的關連性。他最想要的，就是符合自己的天賦，獲得職業上的理念與表現。所以他必須不斷提升自我，直到自己配得上自己所提倡的理念為止。透過提升自我，他將自己所有熱情毫無保留地投注到平面設計師這個職業中。就這點來看，吉川與穆勒－布洛克曼也有著相同的心靈特徵。

結婚

吉川選擇留在歐洲的那一年，再次遇見了穆勒－布洛克曼，這只能說是命運的安排。當時吉川搬到蘇黎世，正準備當一個自由平面設計師，碰巧朋友告訴她穆勒－布洛克曼公司就開在蘇黎世車站前，問她要不要去工作。而當時穆勒－布洛克曼正忙著處理洛桑市 1964 年瑞士博覽會的工作，處於急需增聘員工的狀態。

吉川靜子與穆勒－布洛克曼一起工作了四年，來到 1967 年，兩人便結婚了。就在三年前的 1964 年，穆勒－布洛克曼的第一任妻子費雷娜·布洛克曼因車禍而身亡。兩人心境相似，又在彼此的人生路上多次相逢，

貢獻。由這層意義來看，基礎教育針對非專家的普羅大眾提升造形品味與造形能力，提供助益。」——高橋正人〈構成學教育：設計的基礎〉，《工藝新聞》22 卷 9 號，1954年 9 月，pp.31-34

[16] 「我們認為藝術是生活最高的表現層級，試圖將生活組織成一件藝術品。我希望能夠像范·德維德（Henry van de Velde）生前所主張的那樣，以真善美做為後盾，與醜惡作戰。范·德維德的威瑪美術研究所，以及後繼的包浩斯學校，也有一樣的目的。（中略）我希望有經驗的藝術家、理論家，以及充滿希望的年輕人，能夠來到烏爾姆，在這個超越國家藩籬的勞動共同體中，從事研究與實驗。」——馬克斯·比爾〈從威瑪的國立包浩斯學校，到烏爾姆造形學院（新日耳曼包浩斯）〉，勝見勝翻譯，《工藝新聞》第 22 卷 4 號，1954 年 4 月，pp.25-28

最後兩人的路合而為一，因而結為連理。

兩人固然心境相似，年紀卻相差了二十歲。兩人可說是如同被磁力般互相吸引。結婚那年，穆勒－布洛克曼五十三歲，吉川靜子是三十三歲。在我的想像中，妻子在丈夫身上如同找到了遍尋不著的「自己的房間」，而丈夫則在妻子身上，彷彿找到另一位女子，走著自己曾經走過的那條路。其中應該有著超越國籍與世代的共鳴吧。

從兩人結婚的 1970 年左右開始，吉川脫離了自由平面設計師的活動，透過環境設計工作來接近具體藝術，最後走上了具體藝術家之路。這次轉折，讓她充分發揮自己的天分。後來她加入了蘇黎世具體派（由馬克斯‧比爾、卡米爾‧葛雷薩、保羅‧洛斯、韋莉娜‧雷班斯堡等人在蘇黎世所成立、有著獨特發展的抽象藝術派別），成為該派別第二代的知名創作者。

吉川所走的路，是以西洋的脈絡去重新發掘自己心中的東洋元素，並透過作品轉化為自己的一部分——據她所說，這是一條「永無止境的漫漫長路」[18,19]（參考 p.210）。

融合與交流

吉川靜子寧願前往德國，寧願與第一任丈夫離婚也要追求平面設計師的道路；然而第二次結婚之後，她卻慢慢脫離了這條路，乍看令人意外。但兩人心靈如此相似，都有透過造形表現來自我實現的一貫熱情，都有真誠的態度，我想在吉川心中應該有過什麼取捨才是。也就是說，走著自己的路而在路上相遇的兩人，應該發生了某種心靈的融合與交流。

純藝術與平面設計，兩者在社會上所追求的方向不同。但是透過造形表現來自我實現，這點兩者都一樣。從這個觀點來看，兩者的差異應該不是與社會有多少關聯，而是哪條路比較適合作者的天賦。——吉川與穆勒－布洛克曼結婚，讓她走到了這個岔路口上，所以才會依循自己的天賦，走上純藝術的道路吧。我想這麼解讀，才能夠更深入理解兩人的關係。

如同穆勒－布洛克曼在自傳中所提到的，「學生應該依自己的天賦去成長」，我想這對

左頁圖：吉川靜子以鉛筆與色鉛筆所畫的作品草圖，攝於 2014 年。具體藝術通常相當重視建構一件作品的方法論（系統）。他們認為，將作品體現出來的方法論，才是作者感性的「具體」發現。從這點來看，這幅草圖確實展現了吉川的具體藝術家背景。

[17] 費德里希‧佛登堡－吉爾迪瓦特（Friedrich Vordemberg-Gildewart，1899–1962）1919 年在漢諾威的裝飾美術學校與工業大學求學。1924 年在漢諾威組成「Group K」，並自該年起參加荷蘭風格派團體。1927 年，組成了「漢諾威抽象作家」團體。1930 至

1932 年之間，也加入「抽象創造」（Abstraction-Création）藝術團體。1954 年起擔任烏爾姆造形學院的教授。

此頁所刊載的相片，是本書責任編輯（日文版）與我在 2014 年夏天拜訪穆勒－吉川府上，採訪吉川靜子女士時所拍攝的照片。照片中是從院子觀看的房舍外觀，以及院子裡的墓碑。

從蘇黎世搭路面電車，轉搭公車到溫特恩格斯林根下車，我們看見一座現代化的深棕色房屋，由鋼筋水泥組成，躲藏在庭院的花草樹木之間。房舍裡面是一片白。由穆勒－布洛克曼的藝廊合夥人克魯特·費德勒所設計得這棟房子，感覺完全融入了周遭的景色之中。

——於自宅工作室中的吉川靜子
當我們造訪府上，工作室裡灑滿了
從窗外透進來的瑞士陽光。陽光照
亮了作品、草圖、顏料、色鉛筆及
各種畫具，讓我們意識到自己身在
歐洲，同時也意識到有位藝術家吉
川靜子，在這個空間裡致力於思考
與製作。

我們在穆勒－吉川府見到的光景，
與距今四十年前的 1978 年，矢荻
從喜郎在《Design》雜誌中所介紹
的一模一樣（矢荻從喜郎〈刻在白
之中的穆勒府：拜訪吉川女士〉，
《Design》第 4 期，美術出版社，
1978 年 5 月，p.65）矢荻先生曾在
報導中寫道「桌上擺了幾十支色鉛

筆，以及許多看似以色鉛筆所畫的
草圖」，不變的光景讓人想起逝去
的歲月，以及吉川女士所追求的無
盡道路。

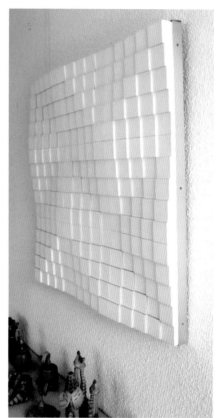

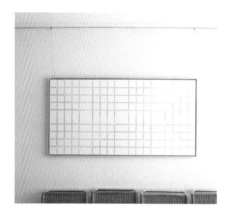

——吉川女士早期代表作
我們去拜訪的時候，由幾個房間合併而成的工作室角落，掛著吉川靜子女士與其他作家的作品。相片中的作品攝於吉川女士的工作室，也是吉川女士早期的代表作〈色影〉（frab-schatten）與〈由四色到多色音樂〉（von vier farben zur polyphonie，左下照片）

從 1977 年起的幾年期間，吉川女士專心製作了色影系列，以保麗龍立方體拼組而成，立方體側面塗上的顏色，反映出相鄰的側面。如果從正面來觀看作品，即使物理上應該是反射光，感覺卻像是陰影。這種美學現象，源自於構成作品的系統性方法論，以及能夠區分影子與

陰翳的日式感性。這個作品也證明了吉川靜子這位作家的心中，長年醞釀的西洋元素與日本元素終於合而為一。

——穆勒－布洛克曼的書庫
書庫裡不只擠滿了大量的藏書，還保存大量資料。上面刊載的照片，是《平面設計中的網格系統》原版與各種資料的整理箱。另外還保存了海報、VI／CI、書籍、雜誌等所使用的原稿，給人堆積了許多歷史的印象。

目前這些資料，大部分移交給蘇黎世的設計美術館（Museum für Gestaltung Zurich）保管，全都是珍貴的歷史資料。

夫妻應該也是一樣，都同意無論要抱持甚麼理念、做甚麼表現，基本條件都是要依循自己的天賦。畢竟當我們回顧兩人的人生，促使吉川與穆勒－布洛克曼分別依循自己的天賦走向新道路的，很可能就是兩人的婚姻。

結婚之後，穆勒－布洛克曼還是繼續擔任平面設計師，但也開始致力於著作活動。他所追求的工作與職業型態，不斷地顯在化與提升，自然就會形成著作，但一切終究是依循著自己的天分走。最後他寫出了《視覺傳達的歷史》（1971 年）、與吉川合著的《海報的歷史》（1971 年），以及《平面設計中的網格系統》（1981 年）。

尤其是穆勒－布洛克曼六十七歲的這本著作《平面設計中的網格系統》，讓他長久追求的平面設計，以及平面設計師應有的型態，都達到他規定的境界，這是因為他依循著自己的天分。從這點來看，《平面設計中的網格系統》簡直昇華成了一種美學。

當兩股精神互相融合，互相交流的時候，各自心靈所走過的歷程，都會孕育出痛苦、悲傷、發現或喜樂，終究都會成為彼此的元素。這樣的心靈型態，讓我們看見一種超乎造形表現範疇，更貼近於人生價值的事物。

約瑟夫・穆勒－布洛克曼在 1996 年逝世，享耆壽八十一歲。而吉川靜子，如今依舊住在蘇黎世郊區的溫特恩格斯林根，在穆勒－吉川府中製作作品。兩人走過的路，如今依然繼續延伸。（中文版編按：吉川靜子已於 2019 年過世，享耆壽八十五歲。）

---

[18] 基德・馬尼亞瓜尼奧（前蘇黎世美術館策展人）：「吉川靜子確實是蘇黎世具體派的第二代成員，但在 70 年代的色影浮雕展（1980 年於蘇黎世美術館舉辦個展）之後，就回歸了東洋的根源。1993 年，她在蘇黎世的構成主義具體美術館，展出了由包浩斯與東洋哲學兩股能量所建立的系列作品，透過與圓形繪畫的對決，導向由虛無能量所誕生的宇宙網構造。」——蘇黎世美術館館刊，2000 年

[19] 吉川靜子〈在宇宙的某處，有我的「那個」〉《寂靜與色彩：月光的極薄（Inframince）》圖錄，川村紀念美術館，2009 年 10 月，pp.107–117

圖：將能面放在臉上的穆勒－布洛克曼。或許，他藉由與吉川靜子的邂逅，已經成功地將西洋精神與日式精神合而為一也說不定。

《平面設計中的網格系統》[1]是約瑟夫・穆勒－布洛克曼在六十七歲那年（1981 年）出版的，本書（日文版）則是於 2018 年出版，相隔有三十七年，但《平面設計中的網格系統》依然不斷再版，成為一本眾人參考的經典名作。

這本書主要聚焦在平面設計與文字排印的源起──在瑞士建立起來的「網格系統」；不僅從思想面探討網格系統，解說網格系統的功能，還解說怎麼設定格線、怎麼編排文章與圖片等實際問題，更附加了豐富的圖片與範例。

從思想面與實際面兩方面進行解說，應該是直接反映了穆勒－布洛克曼所追求的設計二元性。因此我想強調，書名中所提到的

「網格系統」，指的是一種技術，也是一種表現手法，而兩者的融合將網格系統提升到了一種美學的境界。

網格系統在 1940 到 1950 年代之間確立，在 1960 年代迎向巔峰，往後成為了視覺設計的基本手法。而在它問世超過半世紀的現在，隨著資訊通訊技術的進步與普及，似乎讓網格系統即將迎來第二個高峰。

由於資訊媒體的進步，我們被前所未見的巨量資訊所包圍，要因應需求找出資訊，取捨選擇，有時甚至要自己編輯、傳播資訊。在這樣的狀況下，網格系統在網頁、應用程式與軟體的介面等嶄新領域都被認可是有效的，並且受到廣泛運用。

網格系統是什麼？這個問題可以從各個角

---

[1]　約瑟夫・穆勒－布洛克曼的《平面設計中的網格系統：寫給平面設計師、排印設計師、三維設計師的視覺傳達手冊》，尼格立出版社，1981 年。

Grid systems in graphic design: A visual communication manual for graphic designers, typographers, and three dimensional designers, Zurich: Niggli AG, 1981

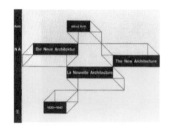

亞弗瑞德‧羅特（Alfred Roth）
《新建築 1930–1940》
（Die neue Architektur）
1940 年，書封、書背與跨頁頁面

基本版面為三欄四列，
三國語言記載
設計：馬克斯‧比爾

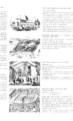

理查・保羅・洛斯
《新的展示設計》(*Neue Ausstell-
ungsgestaltung*) 1953 年，書封、
書背與跨頁頁面

基本版面為四欄四列，
三國語言記載
設計：理查・保羅・洛斯

度去回答，而實際效用來看，大致上應該是有以下兩點：「依據客觀性與邏輯性，以有效率且美觀的方式進行系統化的整理、呈現資訊」，以及「透過系統化整理後的資訊，可以幫助資訊的理解」。當能夠處理大量資訊的媒體變得普及，網格系統的效用便會再次受到重視及重用，穆勒－布洛克曼的《平面設計中的網格系統》的經典地位因而會變得更加得到認可。

但是另一方面，網格系統的運用愈廣泛，就讓人的眼光愈限縮在網格系統的功能面，或者是因為使用了網格系統所需的技術面，導致忽略了網格系統原本具備的美學面。

穆勒－布洛克曼當然不是單純把網格系統當成一種方法而已，他認為網格系統有更高的價值。不只是他，網格系統是瑞士派的重

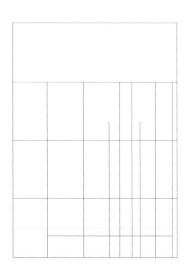

² 約瑟夫・穆勒－布洛克曼的「音樂萬歲」（1970 年）海報，基本格線為左右四欄半，上下四列。
依格線配置「musica」文字，讓文字的排列產生了節奏感。
穆勒－布洛克曼的音樂會海報，大多運用了基於數學比例所設定出的網格。

從海報設計這種變化性高的網格用法，到書籍或雜誌設計，甚至三度空間設計都能包辦，這樣的泛用性即是《平面設計中的網格系統》這本書的特色之一。

要象徵元素。在這個時代，對我們更加重要的，應該是網格系統背後的理念。畢竟只有理念，才能保證設計的價值與意義。

在這裡，我想探討穆勒－布洛克曼長年進行平面設計，究竟探索到怎樣的「做為一種美學的網格系統」。透過這樣的探討，應該可以描繪出穆勒－布洛克曼做為一介設計師，他的行為與態度如何能成為一種美學。

網格系統的根源

從造形的觀點來看，網格系統的特色就是簡單明快。在頁面或畫面上畫出幾條參考線，做出水平、垂直的分割，以分割出來的網格（grid）為標準來編排文章、插圖、照片，這就算是使用網格了。

正因為網格系統很單純，所以可運用的範圍很廣泛。從海報等單張印刷品，到書籍等多頁印刷品，或者企業識別設計、指標系統，甚至道路標示都可以使用。此外，正如開頭所說，網頁、應用程式與軟體的介面等，幾乎所有視覺設計領域都能使用網格系統。

實際上，《平面設計中的網格系統》一書

的副書名就是「寫給平面設計師、排印設計師、三維設計師的視覺傳達手冊」，不僅涵蓋平面設計領域，也涵蓋了三度空間的網格系統用法 [2]。

透過由水平線、垂直線構成的造形特徵，網格系統擁有如此大的相容性。然而，「以水平線·垂直線為基礎來配置視覺要素」這個創意是從何而來，卻很少人知道。要探討這個疑問，必須回溯網格系統的根源，而這根源出奇地古老且深奧。

與現代藝術的關係——
網格系統的造形原理與理想主義

從歷史來看，網格系統的造形主幹在於以水平線與垂直線分割畫面，其實根源就在誕生於 1900 年後半到 1930 年代之間的現代藝術，尤其是抽象藝術。這裡我想介紹荷蘭風格派的代表畫家——皮特·蒙德里安（Piet Mondrian，1872-1944）的繪畫。

1910 年代初期，蒙德里安試圖將樹木畫得抽象化、單純化，經過多方嘗試修改，開始用極度簡化的幾何學型態來表現樹木；到了

[3] 雜誌《荷蘭風格派》（De Stijl）創刊號的封面，1917 年。編輯是提歐·凡·杜斯伯格。封面設計者為菲莫斯·胡薩（Vilmos Huszár）。上頭表現了荷蘭派理念的水平垂直的設計原理值得留意。

1910 年代中期，甚至開始跳脫了樹木這個具體的主題。到 1921 年，他只運用了水平垂直線、黑白紅藍黃來組成純粹的抽象型態，再也不使用具體主題了。也就是說，他跳脫既有繪畫的歷史傳統，也不仰賴現實空間，在繪畫空間中開拓出全新的造形世界。

建造全新的造形世界，這個藝術企圖是荷蘭風格派所有成員的共同理念。像赫里特・里特費爾德（Gerrit Rietveld，1888–1964）在 1917 年設計的「紅與藍的椅子」，這張椅子只用了木板與方木棒，組合成直線與黑、紅、藍、黃等顏色，是在三度空間中展開荷蘭風格派理論的第一個範例。荷蘭風格派以這種

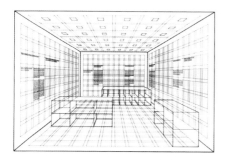

手法試圖跳脫過往，建構新的價值觀與新的世界。里特費爾德在 1924 年設計的史瑞德宅也可以發現這樣的意志，將荷蘭風格派的理念與造形世界擴充到建築空間中。

他們在繪畫、家具、建築（或者雕刻），從二度空間到三度空間，都試圖實現新的造形世界。他們的目標並不只是要開拓新的造形世界，而是要創造他們心目中的烏托邦。這樣的派系會帶有理想主義、人本主義的色彩，也是理所當然的事。實際上起源於二十世紀的現代藝術，尤其抽象主義藝術，都同樣有這種烏托邦的性格。

荷蘭風格派團體標榜著「新造形主義」，試圖將此原理擴展到繪畫、家具、建築之中。與蒙德里安一同領導荷蘭風格派的理論家兼作家，提歐・凡・杜斯伯格（Theo van Doesburg，1883–1931）編輯並發行了《荷蘭風格派》雜誌（De Stijl，1917–1931）[3]，想要進一步深化他們所提倡的新造形主義理論，並在他逝世前一年的 1930 年發表了「具體藝術宣言」做為彙整。他在這份宣言之中，認為自然型態表現在二維畫面上只是幻象，

上圖：《平面設計中的網格系統》第 148 頁所刊載的三度空間網格系統應用。燈光、地板、家具、文字、圖片，都按照同一套網格來排列。網格對穆勒－布洛克曼來說，與其說是在平面上排列資訊的方法，不如說是一種以統一規矩來組織特定畫面或空間的手段。

這種對統一造形原理的追求、對理想世界的嚮往，在風格派運動、包浩斯、俄羅斯構成主義等二十世紀初的前衛藝術運動，以及揚・奇肖爾德的新排印運動中，都是共同的潮流。網格系統的網紋與蒙德里安的繪畫不只是看起來相似而已，底層的思想亦有其共通點。

由線條、顏色、平面所構成的純粹形式才更加「具體」，而包含這種具體性的繪畫才可稱是「將思考具體化為視覺的手段」。這個想法由馬克斯・比爾、理查・保羅・洛斯、韋莉娜・雷班斯堡、卡米爾・葛雷薩等人繼承，獨自發展為蘇黎世具體派。

正如本書所收錄的「自傳」與「解說」所說，具體藝術對住在蘇黎世的瑞士派設計師們，影響尤其深遠。除了吉川靜子是蘇黎世具體派的第二代畫家，具體藝術對穆勒－布洛克曼這些平面設計師的影響也非常大。參與合作發行《新平面》的理查・保羅・洛斯和卡羅・維瓦列里，之後也專心投入具體藝術家活動；組成瑞士派的功臣之一，以巴塞爾為活動據點的卡爾・蓋斯特納[4]，也在當過平面設計師後致力於具體藝術。

無論如何，做為瑞士派設計特色的網格系統，不能說沒受到具體藝術的影響。具體藝術與它之前出現的其他現代藝術主義形式相輔相成，可以說為瑞士派提供了共同的烏托邦性格，以及建立在幾何學抽象上的「構成式」造形語言。

與荷蘭風格派幾乎同時期出現的現代藝術一樣，多少具備幾何學式、理想主義式的性格。尤其在 1917 年蘇維埃聯邦成立之後開始正式活動的俄羅斯構成主義（1932 年因政府決定解散藝術團體而停止活動），在國家保護下推廣這點，可說是現代藝術懷抱的理想主義之極致。

首位提出「構成」概念的抽象畫創始者，是在包浩斯當過教師的瓦希里・康丁斯基（Wassily Kandinsky，1866-1944）；畫出《黑方塊》，提倡絕對主義的喀什米爾・馬列維奇（Kazimir Malevich，1879-1935）；俄羅斯構成主義的核心人物，思想家、雕刻家兼理論家維拉德米・塔特林（Vladimir Tatlin，1885-1953）；受以上人物影響，進行構成式設計的畫家兼平面設計師艾爾・李希茲基（El Lissitzky，1890-1941）和亞歷山大・洛欽科（Aleksandr Rodchenko，1891-1956）等等，這些人都追求以幾何學型態做出純抽象表現，想要跳脫現實，打造新世界。他們大多將這樣創造出來的新造形原理和新造形世界，套用在實際的現實世界上，試著建構一

---

[4] 卡爾・蓋斯特納（Karl Gerstner，1930-2017）生於瑞士巴塞爾，在巴塞爾設計學院師從阿爾敏・霍夫曼。1949 年在嘉基製藥公司設計部門任職，1953 年成為自由工作者。曾負責霍茲阿普法公司、英國航空等公司的廣告宣傳。蓋斯特納的設計將近代平面設計的邏輯性提升到數理境界，具有無與倫比的展開力。1959 年，在巴塞爾成立廣告代理商。1962 年，將公司名稱改為 Gerstner+Gredinger+Kutte（GGK）公司。1970 年離開 GGK，專注在繪畫與文字排印上。除了瑞士派第二代平面設計師的創作成績之外，還著有許多理論書籍，是影響了全世界的設計師之一。

個前所未見的理想社會。

網格系統的基礎，就是建立在這些現代藝術的造形和理念特徵之上。現代藝術的歷史發展，以及它對瑞士派的影響，讓我們看見網格系統的造形特徵（以水平線與垂直線為基礎的設計），反映出想創造新世界的實驗個性、理想主義個性。從這種觀點來探討《平面設計中的網格系統》，我們才能夠去觀察穆勒－布洛克曼想創造的新世界究竟是甚麼模樣。

與現代文字排印的關係———
網格系統的社會性‧公民性

我先前提到荷蘭風格派成員蒙德里安、里特菲爾德、杜斯布夫，或者俄羅斯構成主義的代表人物李希茲基、洛欽科，他們將新的造形原理與造形世界套用在現實世界中，企圖建造新的理想社會，這展現了現代藝術普遍的理想主義傾向。

透過關注這個傾向，這個企圖對社會造成影響的意念，我們才夠能找出現代設計的根源。實際上，活躍於 1920 年代到 1930 年代的現代平面設計師先驅們，像是克魯特‧修維塔斯（Kurt Schwitters，1887-1948）、瓦爾特‧德克賽爾（Walter Dexel，1890-1973）、拉茲洛‧摩荷里－納基（László Moholy-Nagy，1895-1946）、約斯特‧施密特（Joost Schmidt，1893-1948）、赫伯特‧拜耳（Herbert Bayer，1900-1985）等人，他們既是設計師，也是信奉現代藝術的藝術家。也就是說，無論造型上或理念上，現代藝術與現代設計都是同根同源的。

話說回來，現代設計如果要完整成立，光靠藝術理念和創造力是不夠的。現代設計另外一個重要的性質，就是與產業的親和性，這反映在它對現實社會產生的影響力上。

換句話說，現代設計必須融入社會經濟、符合當時的技術條件或社會經濟結構，才能夠獲得對實際社會應有的影響力。就這點來看，現代設計有「現代藝術」與「產業」兩個源頭，這也是現代設計的特色。

再說到直接影響了網格系統、受到現代藝術影響而生的「現代文字排印」（modern typography）。現代文字排印是做為現代藝

---

[5] 揚‧奇肖爾德企畫、編輯設計的印刷業刊物《文字排印通訊》（Typographische Mitteilungen）的「基礎文字排印」特刊封面，德國書籍印刷業工會，1925 年 10 月

術的一種發展型態，在 1920 年代明確化，接著反映了時代的需求與技術水準進一步得到發展。《平面設計中的網格系統》在描述了網格系統的性質與理念之後，就從紙張的工業規格與排印技術的原則開始談起，也是上述情況的體現。

在樹立現代文字排印上扮演著關鍵性角色的，就是曾活躍於萊比錫的文字排印師揚・奇肖爾德（Jan Tschichold，1902–1974）。德國書本印刷業工會曾發行過一本印刷專業刊物《文字排印通訊》（*Typographische Mitteilungen*），而在 1925 年，當時年僅二十三歲的揚・奇肖爾德就受聘擔任這本刊物十月號的編輯設計師，並推出了「基礎文字排印」（*elementare typographie*）特刊[5]。這份特刊以選集體裁整理了同時代的平面設計、文字排印，收集所有實作與理論的里程碑，而且奇肖爾德還在其中加入自己的「基礎文字排印」宣言，開頭就提出這樣的規範：「文字排印的目的為傳達。傳達必須精簡扼要，以給人深刻印象的型態來進行。」

這段宣言包含了定義現代文字排印的造形重點，包括建議大家多使用無襯線字體、照片以及不對稱排版，對之後文字排印的發展方向發揮了龐大影響力；但是從影響的規模來看，宣言開頭所規範的文字排印目的，更具有歷史影響力，足以規範往後所有視覺設計，可說意義深遠。有了這段宣言規範出明確的目的，現代文字排印與平面設計成為了社會性的存在。

正如奇肖爾德本人於日後所說的，比起藝術家們，當時的迴響其實是從比較靠近產業界和現實社會的印刷業界開始擴散[6]。過往的現代藝術、現代平面設計，說起來都接近純藝術的領域，從這點來看，這份特刊可說是劃時代的創舉。

1928 年，奇肖爾德發行了第一本著作《新文字排印》（*Die Neue Typographie*）[7]，更明確描述什麼是符合時代要求與技術水準、現代化且客觀的文字排印。

該書的影響力將現代文字排印推廣到全歐洲，最大的原因是奇肖爾德不只改變了平面設計師，更改變了第一線印刷工人的心態。

---

[6] 在《新文字排印》一書的序章，奇肖爾德有著以下的敘述：「《文字排印通訊》特刊中的『基礎文字排印』，其迴響遍及印刷工會與德國印刷業報刊，造成廣泛的討論與問答。」（筆者翻譯）

[7] 揚・奇肖爾德所設計的《新文字排印》促銷小冊封面，1928 年。

過往的傳統文字排印，實務性、技術面的色彩相當濃厚，全都由印刷廠工匠一手包辦，因而讓平面設計師與排印設計師之間總有著一道鴻溝，而奇肖爾德達成了填平這道鴻溝的任務。

透過《新文字排印》，奇肖爾德以歷史角度來說明自古騰堡以來的傳統文字排印以及現代藝術，還有源自於現代藝術的構成式設計（或者說做為設計的藝術）有怎麼樣的理論與原則，也闡明了現代文字排印的必然性、必要性及可能性。

另外，他也提倡了現代文字排印的各種原則，如使用符合工業規格的紙張、使用無襯線字體、重視功能性與經濟性、提倡非對稱排版等等。

奇肖爾德不僅提出原則規範，也不忘舉出書信抬頭、信封、明信片、海報、書籍、報紙等不同種類的印刷品範例來說明。透過加入實際運用案例，他以平面設計師與印刷廠工人都能理解的形式，成功推廣了「新的文字排印」。

從成果面來看，《新文字排印》把現代文字排印以及廣義的現代平面設計，從現代藝術影響下的實驗行為，提升到有著社會性執行力與影響力的層級。

當時的奇肖爾德原本就在傳統文字排印領域中多有鑽研，是個才華洋溢的年輕人。為他帶來巨大轉折的，是舉辦於 1923 年的包浩斯展覽。

提倡藝術與勞動共同合作的包浩斯學校，在第一次世界大戰結束的隔年 1919 年成立。創立後不久，第一任校長華特・葛羅培宣告要進行「藝術與技術的整合」。包浩斯的成就之一，是設定了一套從基礎到專業課程的教學課綱，其中的基礎課程也成為了現代美術教育的基礎。但就那個時代當下而言，這套課程更重要的是，它不只破除了藝術家與工匠、設計師之間的隔閡，更有融合構成藝術與工業藝術的能力。實際上，包浩斯也聚集了蒙德里安、范・杜斯布夫等荷蘭風格派成員，也有馬列維奇等構成主義者，以及其他立體派、達達藝術、未來派等各種不同門派的藝術家，彼此互相激盪啟發。包浩斯成為了一個媒介，將現代藝術共同具備的實驗

性、抽象性、構成性傾向，融合到產業所追求的統合目的性——功能性與經濟性。

1923 年所舉辦的包浩斯展，如實展現了包浩斯所提倡的理念與成果[8]。奇肖爾德看了這場展覽之後，大大轉變方向，短短兩年之後就確立了現代文字排印。如果說包浩斯做到的，是在從設計到純藝術的廣大領域中成功整合了藝術與技術，那麼奇肖爾德則是在文字排印領域（以及平面設計領域）整合了藝術與技術，賦予了平面設計在社會上的實行力。受到直接影響而發展起的網格系統，也因而對社會上的實行力有所嚮往。

基於網格系統受到現代文字排印的直接影響，網格系統除了具備源自現代藝術的理想主義傾向之外，還具備源自於現代文字排印的社會傾向。

正如本書自傳部分所說，穆勒－布洛克曼擔任設計師獲得了這個理念：身為社會一分子，必須透過設計對社會做出貢獻，負起設計師的社會責任。對他來說，網格系統是為了實現這個理念的方法。

網格系統也是理念與表現的融合。透過網格系統的運用，視覺設計被賦予了一種以水平·垂直為基調、特徵非常明確的風格。

若我們認定網格系統的風格無法與理念分割，穆勒－布洛克曼有可能正是試圖透過網格系統來整合理念與表現。他賭上自己的人格試圖達成的這個挑戰，從歷史上來看，也與「瑞士派」引領時代的過程重合在一起。

瑞士派的出現與網格系統——
網格系統的客觀性與中立性

網格系統，是同時在思想與表現上都呈現了瑞士派設計特徵的最主要元素。

依據網格將文字或圖片放大縮小，互相連結，並根據一貫的客觀性與邏輯性，將資訊內容或主從關係視覺化；網格系統的表現風格具有獨特的張力與俐落感，給人毫無質疑餘地的確定感。

以非常節制、有控制力的文字排印風格為特色的這種表現方法，與瑞士這個永久中立國的印象連結，因而形成了「瑞士派」、「瑞士風格」、「瑞士排印」或者「國際排印風格」等諸多稱呼，進而成為今日視覺設計的理論

[8] 《威瑪的國立包浩斯學校 1919-1923》展覽圖錄封面，包浩斯出版局，1923 年。這場大規模的展覽，展出包浩斯學校自 1919 年成立四年以來的成果。第一任校長葛羅培，在本書開頭就說包浩斯要跳脫過往的「天才夢」，追求「所有產品在形狀、技術與經濟上的統一」。因此學校所設定的教育課程，是「重新整合所有勞作藝術部門」。此外，摩荷里－納基也在本書中提出「新的文字排印」的原則如下：「文字排印是傳達的道具，必須以最令人印象深刻的形式明確傳達。」奇肖爾德也就直接傳承了文字排印的這項原則。

基礎之一。

讓瑞士派揚名世界的最大功臣，就是由穆勒–布洛克曼創辦，由理查·保羅·洛斯、漢斯·諾伊堡、卡羅·維瓦列里等人編輯設計，於 1958 年 9 月正式創刊的國際設計雜誌《新平面》（Neue Grafik）（基本版型由卡羅·維瓦列里設計）。

這本傳奇雜誌出現在第二次世界大戰結束十餘年後，當時世界尚未掌握該走的方向。它以書封和內容展現了設計該實現的未來願景；雖然只發行了短短七年（至 1965 年），共十七期，仍對日本及全世界造成影響。

《新平面》創刊當時，四位創辦人的年紀在三十九到五十六歲之間，各自都曾以設計師身分創作過偉大的作品。他們的共同點，除了地理位置上都在蘇黎世活動之外，就是追求構成式設計，重視客觀性、邏輯性、中立性多過設計師個人的主觀或情緒。然而最重要的，還是他們共享著一種公共的、啟蒙的概念，所提倡的「新設計」必須引領社會的走向。這個理念才真正連結了他們，促成雜誌的創刊。

穆勒–布洛克曼對平面設計的理念，可以說也透過編輯製作《新平面》而與他們共

《新平面》第 1 期，1958 年，
封面與跨頁頁面
卡羅·維瓦列里設計
開本為 250×280 公釐
以四段式排版為基礎，三國語言標示
文字齊首尾

有，甚至更加強化。他們所共有的理念，完全表現在《新平面》第1期開頭四人聯名所寫的序文中。「這項藝術的創新，幾乎就在於數學性的清晰。」、「現代設計師不再需要去服務產業，也不是廣告的製圖工，更不是海報藝術家。現代設計師是獨立的個體，要獨自規畫與創作，以自身的整體人格去傳遞資訊。」

上方引文中的「數學性的清晰」，可看出他們受到了具體藝術的直接影響。他們把這樣的平面設計稱呼為「構成式平面設計」，最大特色就是與設計師的獨立性有所連結。他們認為建構式設計追求的客觀性為設計賦予了中立性，而正是中立性創造出設計師的獨立性。這份獨立性，也是設計師與設計具備社會性與道德性的必要條件。

可想而知地，這份雜誌所提倡的目標具有濃厚的公共色彩。「創辦這本雜誌，並不是為了介紹優秀的天賦，也不是提供一個練習場，而是提供一個能夠傳遞現今設計動態的場合，也是討論現代設計及應用藝術的國際性場所。」

《新平面》的內頁與文章是用來傳遞四位設計師共有的「新」平面設計及其理念的一個媒介，達成了「為戰後設計指引出一條該走的路」這個歷史性目標。排除了一切圖像，只運用文字造型來安排版面的《新平面》封面，看起來冷靜而理智，完全表現了他們的立場與思想[9]。

從相信設計的社會價值來看，他們充滿著熱情，然而當他們追求該價值的中立性時，卻又理智而冷靜。正是這種冷靜，讓他們與二戰前的現代設計有所區別。《新平面》創刊當時，碰上了戰爭結束後不久即浮現的東西方世界的對立結構，感覺隨時都要產生新的衝突。在這樣的狀況下，像是包浩斯、俄羅斯構成主義、前衛藝術、現代設計等戰爭期間的流派所主張的樂觀理想主義就漸漸過氣了。戰爭所造成的破壞與恐怖，讓這個時代的人類深深體會到世界和平與人類共存的重要性。戰前的現代設計太過樂觀，戰爭中的平面設計又利用現代藝術、現代設計來製造政治宣傳品煽動社會仇恨，這些種種眾人記憶猶新。人們深深體會到這樣的宣傳會帶

---

[9] 比方說以下的座談會就是個很好的例子，看見《新平面》設計如何對該時代的設計師傳達網格系統與文字排印的能量。
「《新平面》的衝擊／粟津潔——相對而言，雜誌或單行本從比較早以前就有在使用排版用紙的習慣（割付用紙），但是我記得直到1957還是58年左右，才被運用在設計作業上。如果用我們當時的經驗來看，

甚麼 typography、editorial 的……總之竟然光靠活字排版就能做出這麼漂亮的設計，真是嚇死人了。像是那本《新平面》雜誌，還有《螺旋》（Spirale）雜誌。／杉浦——那麼直接讓我們得知居然有這種境界的還是《新平面》吧。如果你拿一根針從封面的版面角落刺穿到封底，每一頁的版面角落都會落在那個針孔上吧。」——粟津潔＋杉浦康平＋

原弘〈特輯：編輯設計中的排版與排版用紙——座談會・關於排版用紙〉《季刊 Design》第1期・春，美術出版社，1973年4月1日，pp.27–54

來「戰爭」這個最糟的結果，而設計師本身也知道，失去設計師的獨立立場，盲目尊崇國家與政治的意圖，有多麼危險。

當時所需要的，是所有人都能共享的中立價值觀——也就是奠基於客觀性，訴諸事實而非情緒的設計——這種設計以獨立的立場提出事實，由接收者自行判斷。

《新平面》自認傳承自戰前現代藝術及瑞士平面設計師前輩們，而《新平面》想表達的「創新」，是擺脫政治與經濟的意圖，把客觀性推到極限的設計；這個目標與他們冷靜且理智的個性，對當時社會局勢所提出了嶄新的答案。

做為永久中立國，瑞士逃過了戰爭的恐怖與破壞，其他必須從戰爭殘破中復甦的國家無不欣羨。因此，當《新平面》的編輯們向國際高談闊論設計的未來，別國看來可能會覺得傲慢。他們的企圖雖然也有可能純粹從思想上進行訴求，但他們仍舊僅透過設計進行活動。

雜誌中刊載的文章，依據他們堅定的信念進行修整編排。整個版面所散發的調性並不

給人一種說教感，反而有種毫無疑問的堅定。這種堅定的基礎，就是依據客觀性與邏輯性來整理、呈現資訊的網格系統。

另外，提到瑞士派也少不了「巴塞爾設計學院」這個派系，它擁有艾米爾・魯德[10]、阿敏・霍夫曼[11]、羅伯・布奇勒[12]等優秀的設計師和教師。在這個時代，巴塞爾也與蘇黎世的設計師們一同扛起了把瑞士派理念與表現手法推廣到全世界的重要使命。

網格系統與個人的資質——
網格系統的教育價值

在 1981 年發行的《平面設計中的網格系統》之中，完全反映出穆勒－布洛克曼長年以來的平面設計師活動軌跡——發行《新平面》的經驗，以及學校教育、演說等教育活動的經驗。

他在出版《新平面》的前一年，前往蘇黎世應用美術學校擔任平面設計班的班主任，接下老師恩斯特・柯勒的棒子。

在他任教的四年之間，他構築起一個稱為「平面設計師養成系統」的教育方法，並將這

---

[10] 艾米爾・魯德
（Emil Ruder，1914–1970）
生於瑞士蘇黎世，曾經當過活字排版工學徒，1941 年在蘇黎世應用美術學校求學。1947 年起在巴塞爾設計學院教導文字排印。結合文字排印與設計教育方法的著作《文字排印》（Typographie，1967 年）具有世界性的影響力。

[11] 阿敏・霍夫曼
（Armin Hofmann，1920–2020）
生於瑞士溫特圖爾，曾在蘇黎世應用美術學校師法埃弗瑞德・威利曼與恩斯特・柯勒。除了 1947 年起於巴塞爾設計學院教導平面設計外，1980 年起也在耶魯大學的夏季課程專班負責平面設計領域。

[12] 羅伯・布奇勒
（Robert Büchler，1941–2005）
生於瑞士巴塞爾，曾當活字排版學徒，在巴塞爾設計學院求學。曾師從揚・奇肖爾德與艾米爾・魯德等人，1947 年起在巴塞爾設計學院帶領文字排印課程班。在該校與艾米爾・魯德、阿爾敏・霍夫曼共同任教，之後接任系主任。

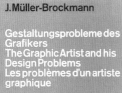

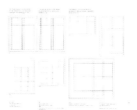
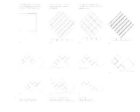

約瑟夫・穆勒－布洛克曼
《平面設計師的設計問題》，
尼格立出版社，1961 年

套方法也刊登在《新平面》第 7 期（1960 年）中，而後再整理出版為《平面設計師的設計問題》（1961 年）。在該書中，穆勒－布洛克曼算是第一次整理介紹了網格系統，在書中〈以網格系統來設計廣告、目錄、展覽等〉這章，他首次對網格系統進行了簡單說明。在《平面設計師的設計問題》的序文中，他提到「從插畫家變成平面設計師的方法」，這不只是描述他自己的職業生涯，更是將平面設計師定位於以自己的人格來執行工作的社會性立場。

而在穆勒－布洛克曼的教育理念中，網格系統有著一個非常獨特的定位。

身為教育者，他相信「每個學生應該依循自己的天賦來成長」。從他自己在確認天賦的過程，從插畫家、展覽設計師、舞台設計師再轉為平面設計師這樣的經驗來看，產生這樣的理念是很自然的。然而，對設計師要求客觀性、邏輯性與中立性，並教導學生具有特殊表現風格的網格系統，這個行為與「學生的天賦」毫無關聯，甚至有變成一種強加式的矛盾行為的危險性。如果要了解他

怎麼看待這個問題，可以參考在 1960 年世界設計會議落幕隔月，他在大阪座談會上的發言。

穆勒－布洛克曼在這場座談會上，對學校與學生的使命是這麼說的。「要說情感，人類真是夠多了。尤其是要當設計師的人，怎麼可能沒有情感呢？所以平面設計師需要的是智慧，我訓練的就是智慧。（中略）學校的使命，就是在培養學生情感的同時，也培養思維與態度。我認為透過一個特定的作業過程，就能促進這樣的成果。廣告宣傳的成果是好是壞，取決於創作者的思維，而思維必須與創作者合而為一，所以必須先培育創作者的思維。」[13]

穆勒－布洛克曼在這段發言裡面並非否定情感，而正是因為他肯定情感，所以智慧／思維才更加重要。他的教育理念，是一種創意的轉換。

要維持學生的情感，或者說維持學生的天賦，必須要有「思維和態度」來支撐情感面向，也就是說要有理念當支柱；穆勒－布洛克曼的立場，就是培育學生的理念，讓理念

13　〈「平面設計的現代使命」講座〉，《廣告》博報堂月報，通卷 148 號，1960 年 7 月號，pp.6–9

與情感一致。這裡所說的「思維」，有著「做為設計師對社會作出貢獻所需要的思維」的含意。對他來說，透過學校教育來教育設計師，意思是要讓每個學生依據自己的天賦來貢獻社會。藉此，他負起了「尊重學生的天賦」這個教育上的責任。也就是說，他認為光是培育一個人的表現能力，最後頂多培育出一個小藝術家，無法讓學生的天賦成為社會的一部分。

對他來說，這樣想法的產生應該是很自然的一件事。因為穆勒－布洛克曼本身就是個自立自強的人，尊重自己的天賦來成長。從十八歲起被迫成為自由設計師開始，他應該比誰都更了解，如果沒有與社會相處的「思維」，既不可能靠設計師這身分直接生存下來，也不可能貢獻社會，更不可能維持自己的情感了。

讓學生學習網格系統的用意，就在這裡。對穆勒－布洛克曼來說，網格系統就是獲得「思維」的方法，或者說是場所。穆勒－布洛克曼試圖透過網格系統教導，可以培養出學生的「思維」，進而讓每個人的天賦與理念

合而為一。

但這種教育方法也算是一場豪賭，如果學生因為選擇「情感」而拒絕「思維」的面向，這樣一來教育本身就不成立了。

實際上，這套教育方法確實充滿危險。網格系統是一種理念也是一種技術，對設計賦予以水平與垂直為基礎的外觀特徵，卻完全無法控制人們對這樣的外觀會抱持怎樣的情感。外觀的特徵愈明顯，人們的好惡也將更分明，這是一定的。而且人的好惡，是天底下最善變的東西，隨時都會被社會局勢或流行趨勢所左右。

這可能是網格系統本質上所無法排除的一個弱點。網格系統做為一種最高段的教育方法，在「理念與表現一致」的基本原則下，將能使情感與理念結合的思維教給學生。學生透過以網格系統為基礎的資訊版面，去思考客觀性、功能性與邏輯性，並探討何謂中立性。在這過程中，設計師自然就會思考該在社會上完成什麼使命，還有該負起怎樣的社會責任。

也就是說，雖然網格系統的「理念與表現

一致」這個優點提供了具體的教育手段，但擁有特定的風格也是一種弱點。不管能獲得多麼良好的經驗，觀看者的情感上還是永遠有可能排斥網格系統的表現風格，這是網格系統不可避免的極限。

那麼，有沒有比網格系統更優秀的風格，可以傳達理念的重要性呢──光靠情感是當不成設計師的。只要設計師是與客戶、技術人員一同合作，當然要面對這個問題。實際上，每個設計師做事都在權衡情感與理念。不論古今，要怎麼抓到情感與理念的平衡點，可以說是設計師最重要的資質。然而最關鍵的那個平衡點，通常要由設計師自己去拿捏，所以很模糊、曖昧，很難以用言語描述。

就我所知，網格系統是唯一正面迎戰了這個問題的設計美學 [14]。

《平面設計中的網格系統》
一書的內容架構

為了更進一步討論，接下來我想具體介紹《平面設計中的網格系統》一書的內容。如開頭所說，《平面設計中的網格系統》一書的內容橫跨網格系統的思想與技術兩個領域，該書的內容結構，就明顯解釋了這一點，以下便按照目錄來簡單介紹。

《平面設計中的網格系統》的一開頭從網格系統的思想層面開始講解，包括網格系統的概要、哲學、目的等等：

> 序
> 關於本書
> 網格系統與設計哲學
> 文字排印與網格
> 網格究竟以何為目的？

接著進入技術部分的說明。在技術部分最先講解的，是視覺設計不論內容是什麼都該遵守的基本原則──紙張尺寸的工業規格、文字排印的原則等。這裡說的文字排印原則，是以科學為基底、增加易讀性的各種原則，包括如何挑選適當字體、欄寬、行距等等：

> 紙張尺寸
> 文字排印的單位
> 活字字體

---

[14] 草深幸司針對「構成式」造形與設計之間的關係，認為關鍵在於合理性，提出以下的論點。
「如果想要製作出合理的設計，我想終究會抵達那種孕育了『構成式』設計的造型潮流。」──《構成式海報研究》，海報共同研究會・多摩美術大學，中央公論美術出版，2001 年 11 月 22 日，pp.10–11 序文。

這項論述的重點在於關注了重視客觀性與邏輯性的「構成式設計」與「合理的設計」之間的關聯性，對於以此衍生出的網格系統也一樣適用才對。

欄寬

行距

留白的比例

頁碼

內文字體與標題字體

接著是該如何根據各種不同原稿內容與性質設定網格的詳細說明——搭配實例說明版面大小、位置、網格的建構法的基本思維等：

建構文字區塊

建構網格

確認了原稿的內容、性質與網格之間的密切關係後，接著以範例介紹用網格將原稿版面分為八塊、二十塊、三十二塊等排版方式。讀者在這裡能詳細得知，如何按照文字排印原則並且配合原稿內容來設定格線，進而理解網格系統的效用：

文字與圖片　8 個網格

文字與圖片　20 個網格

文字與圖片　32 個網格

這個階段，讀者已經針對網格系統的原則、方法及功能獲得基本的知識了。以下將分別再針對相片、插圖、單色頁等視覺元素，講解與網格系統有何關聯，並舉出許多範例來解釋個別的性質。由於舉的範例眾多，這部分在書中占的頁數也最多：

網格系統與相片

網格系統與插圖

網格系統與單色頁

範例集

讀者在上一章接觸了多式網格系統範例後，已經對於網格系統的多樣性有所理解。以下則是透過各種企業識別設計，以及用於展場設計的三維設計，來具體說明網格系統的泛用性：

企業識別與網格

三維設計與網格格

展場設計範例集

到目前為止，本書已經舉證網格系統能夠有效應對當時從二度空間到三度空間的視覺傳

達需求。接下來則是舉例說明網格系統常見於自然事物、古今中外的繪畫、文字形象、符號、雕刻、建築、家具等，強調網格系統的普遍性：

| 古代與現代的秩序系統

本書的結論非常簡短，主旨大致如下——網格系統所做出的視覺設計，具備邏輯性、系統性、優美的外觀，而且明瞭而容易理解，可說是非常符合時代的需求。只要學會網格系統，無論新手或專家，從簡單到複雜的問題都能順利面對。

| 結論
| 參考文獻
| 人名索引

　如上所見，《平面設計中的網格系統》一書整體來說就像是本教科書，從大原則開始，按照各主題舉出範例，慢慢探討個別原則，結構井然有序；不僅如此，還逐一說明其中每項原則的普遍性，與單純的工具書不同，提出各種表現手法背後的技術與思想有何關聯，淺顯易懂地展現出知識的廣度。該書之所以讓人有教科書的感覺，正是因為作者穆勒－布洛克曼明確意識到，網格系統是建立在從現代藝術演化到現代設計、現代文字排印、瑞士派這一連串視覺藝術的歷史上。兼備了歷史性、思想性，以及淺顯易懂，《平面設計中的網格系統》做為名著，實至名歸。

日文與網格系統

日文當然也可以套用網格系統來設計，但仍然會有日文特有的問題。接下來的跨頁是以《平面設計中的網格系統》一書所使用的網格為基礎，重新排版了該書中〈欄寬〉這一章的「在不同寬度的文章上套用網格」，並同時刊載歐文版與日文版以供比對。

　歐文排印與日文排印最大的差別，就在於網格設定方式。而這個差異，起因於兩者使用的文字與文章性質完全不同。

　歐文排印使用的活字字體，通常每個字母寬度都不同（比方說 I 與 M），而且歐文的文章是由單字組成，單字與單字之間通常會有間隔。這是因為歐文的文章是以拼音字母來

書寫，而拼音字母必須組成單字才能讀懂意思，因此為了容易閱讀，單字之間才要插入間隔。此外，歐文排版有兩種排法，一種是左右端皆對齊的「齊首尾」排法（justify），另一種是左端對齊、右端不特別對齊的「齊首」排法（rugged）；以齊首尾排法來說，基本上是透過調整單字之間的空隙讓文章右端也對齊。然後，在設定網格時，每行平均至少會包含十個以上的單字。

另一方面，日文的文章是由漢字、平假名與片假名所組成，無論哪種字，活字字體都設計成收攏在正方形範圍內，而且每個字的間隔都相等，就像稿紙的框線一樣。正因為如此，基本上日文排版用的網格寬度跟稿紙一樣，必須是字體大小的整數倍。

歐文排印不需要考慮字體大小，字距都能按照欄寬來微調，但日文排印只要設定了字體大小，就會半自動限制住欄寬。這點對網格設定造成很大的影響，也讓日文排印增加特有的難度，以及數學上的嚴謹性。

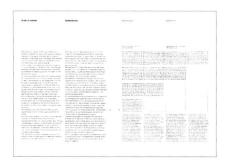

15 〈欄寬〉，
《平面設計中的網格系統》
pp.30-31

Letters of the alphabet that are cast or founded for the purpose of impressing upon paper are known as 'types' and the impression thus made as a 'print'. Hence the impression from the particular raised surface known as 'types' is called a 'typographical' impression; or, to use a more old-fashioned term, 'letter-press'. The precise form of the 'types' and the exact position they need to occupy upon the selected paper involve skill in the art that is called 'typography'. Typography may be defvined as the craft of rightly disposing printing material in accordance with specific purpose; of so arranging the letters, distributing the space and controlling the type as to aid to the maximum the reader's comprehension of

the text. Typography is the efficient means to an essentially utilitarian and only accidentally aesthetic end, for enjoyment of patterns is rarely the reader's chief aim. Therefore, any disposition of printing material which, whatever the intention, has the effect of coming between author and reader is wrong. It follows that in the printing of books meant to be read there is little room for "bright" typography. Even dullness and monotony in the type-setting

are far less vicious to a reader than typographical eccentricity or pleasantry. Cunning of this sort is desirable, even essential in the typography of propaganda, whether for commerce, politics, or religion.

字級　12Q
字距　metrics
行距　21H（行間二分四分＊）
字體　Times New Roman

使用該書所用的網格，做成有三種欄寬的歐文版面，文章採齊首尾排法。歐文排印不論字體大小，只要調整單字間（word space）與字間

（letter space），就能讓文章的寬度達到希望的寬度。

　　比方說上面的例子是使用 12Q 大小的字體，而下一頁則是用 9Q 大小，示範三種不同寬度的樣式。只要不是極端尺寸的字體，各種字體大小都可用相同方法編排。但是為了讓文章段落符合網格的高度，必須調整行距。就這點來說，

歐文與日文都是一樣的。

＊譯注：日文排版的標準行間尺寸，指字級的二分之一加四分之一，也就是字級的 75%。若字級為 12Q，行間就是 6 + 3 = 9Q。

Letters of the alphabet that are cast or founded for the purpose of impressing upon paper are known as 'types' and the impression thus made as a 'print'. Hence the impression from the particular raised surface known as 'types' is called a 'typographical' impression; or, to use a more old-fashioned term, 'letter-press'. The precise form of the 'types' and the exact position they need to occupy upon the selected paper involve skill in the art that is called 'typography'. Typography may be defvined as the craft of rightly disposing printing material in accordance with specific purpose; of so arranging the letters, distributing the space and controlling the type as to aid to the maximum the reader's comprehension of the text. Typography is the efficient means to an essentially utilitarian and only accidentally aesthetic end, for enjoyment of patterns is rarely the reader's chief aim. Therefore, any disposition of printing material which, whatever the intention, has the effect of coming between author and reader is wrong. It follows that in the printing of books meant to be read there is little room for "bright" typography. Even dullness and monotony in the type-setting are far less vicious to a reader than typographical eccentricity or pleasantry. Cunning of this sort is desirable, even essential in the typography of propaganda, whether

for commerce, politics, or religion, because in such printing only the freshest survives inattention. But the typography of books, apart from the category of narrowly limited editions, requires an obedience to convention which is almost absolute—and with reason. Since printing is essentially a means of multiplying, it must not only be good in itself—but be good for a common purpose. The wider that purpose, the stricter are the limitations imposed upon the printer. He may try an experiment in a tract printed in an edition of 50 copies, but he shows little common sense if he experiments to the same degree in the tract having a run of 50,000. Again, a novelty, fitly introduced into a 16-page pamphlet, will be highly undesirable in a 160-page book. It is of the essence of typography and of the nature of the printed book qua book, that it perform a public service.

For single or individual purpose there remains the manuscript, the codex; so there is something ridiculous in the unique copy of a printed book, though the number of copies printed may justifiably be limited when a book is the medium of typographical experiment. It is always desirable that experiments be made, and it is a pity that such "laboratory"

字級　9Q
字距　metrics
行距　14.8H
字體　Times New Roman

改變了字體大小與行距的排版範例。普遍來說，歐文排印的欄寬至少要讓每一行能放十個單字才足夠容易閱讀，穆勒－布洛克曼就是建議以此原則決定字體大小與欄寬。

本排版範例的文章內容摘自史丹利・莫里森（Stanley Morison，1889–1967）的〈文字排印第一原則〉（First principles of Typography，1936 年）。

僕は日本の古代文化に就て殆んど知識を持っていない。ブルーノ・タウトが絶讃する桂離宮も見たことがなく、玉泉も大雅堂も竹田も鉄斎も知らないのである。況んや、秦蔵六だの竹源斎師など名前すら聞いたことがなく、第一、めったに旅行することがないので、祖国のあの町この村も、風俗も、山河も知らないのだ。タウトによれば日本に於けるもっとも俗悪な都市だという新潟市に僕は生れ、彼の蔑み嫌うところの上野から銀座への街、ネオン・サインを僕は愛す。茶の湯の方式など全然知らない代りには、猥りに酔い痴れる

ことをのみ知り、孤独の家居にいて、床の間などというものに一顧を与えたこともない。けれども、そのような僕の生活が、祖国の光輝ある古代文化の伝統を見失ったという理由で、貧困なものだとは考えていない（然し、ほかの理由で、貧困だという内省には悩まされているのだが——）。タウトはある日、竹田の愛好家というさる日本の富豪

の招待を受けた。客は十名余りであった。主人は女中の手をかりず、自分で倉庫と座敷の間を往復し、一幅ずつの掛物を持参して床の間へ吊し一同に披露して、

字級　13.68Q
字距　13.68H（字間密排）
行距　23.94H（行間二分四分）
字體　秀英明朝 L（假名），M

上面的範例，使用與本書內文字體相同的排版型式與網格，排出三種不同的欄寬。行間是日文排版的標準尺寸二分四分。

歐文與日文的文字排印之中最大的不同點，就是日文無論哪種字型，都設計成可以收在正方框裡面。

歐文可以透過調整單字間隔來調整欄寬，但是在設定日文網格的時候，網格寬度基本上必須是字級的整數倍。為了凸顯這點，我們用虛線標示出虛擬的字體大小方格。以及，實際排版時，因為有些句首句

尾的避頭點原則須遵守，還需要進行字距微調來維持行寬。範例文章摘自青空文庫出版的坂口安吾〈日本文化私觀〉（1943），惟此處省略了原文中的標題、標音、換行、段落首行縮排等。

僕は日本の古代文化に就て殆んど知識を持っていない。ブルーノ・タウトが絶讃する桂離宮も見たことがなく、玉泉も大雅堂も竹田も鉄斎も知らないのである。況んや、秦蔵六だの竹源斎師など名前すら聞いたことがなく、第一、めったに旅行することがないので、祖国のあの町この村も、風俗も、山河も知らないのだ。タウトによれば日本に於けるもっとも俗悪な都市だという新潟市に僕は生れ、彼の蔑み嫌うところの上野から銀座への街、ネオン・サインを僕は愛す。茶の湯の方式など全然知らない代りには、猥りに酔い痴れることをのみ知り、孤独の家居にいて、床の間などというものに一顧を与えたこともない。けれども、そのような僕の生活が、祖国の光輝ある古代文化の伝統を見失ったという理由で、貧困なものだとは考えていない（然し、ほかの理由で、貧困だという内省には悩まされているのだが──）。タウトはある日、竹田の愛好家というさる日本の富豪の招待を受けた。客は十名余りであった。主人は女中の手をかりず、自分で倉庫と座敷の間を往復し、一幅ずつの掛物を持参して床の間へ吊し一同に披露して、又、別の掛物をとりに行く、名画が一同を楽しませることを自分の喜びとしているのである。終って、

座を変え、茶の湯と、礼儀正しい食膳を供したという。こういう生活が『古代文化の伝統を見失わない』ために、内面的に豊富な生活だと言うに至っては内面なるものの目安が余り安直で滅茶苦茶な話だけれども、然し、無論、文化の伝統を見失った僕の方が（そのために）豊富である筈もない。いつかコクトオが、日本へ来たとき、日本人がどうして和服を着ないのだろうと言って、日本が母国の伝統を忘れ、欧米化に汲々たる有様を嘆いたのであった。成程、フランスという国は不思議な国である。戦争が始ると、先ずまっさきに避難したのはルーヴル博物館の陳列品と金塊で、巴里の保存のために祖国の運命を換えてしまった。彼等は伝統の遺産を受継いできたが、祖国の伝統を生むべきものが、又、彼等自身に外ならぬことを全然

知らないようである。伝統とは何か？　国民性とは何か？　日本人には必然の性格があって、どうしても和服を発明し、それを着なければならないような決定的な素因があるのだろうか。講談を読むと、我々の祖先は甚だ復讐心が強く、乞食となり、草の根を分けて仇を探し廻っている。そのサムライが終ってからまだ七八十年しか経た

字級　9.12Q
字距　9.12H（字間密排）
行距　15.96H（行間為二分四分）
字體　秀英明朝 M

日文排印的欄寬會設定在字級的整數倍。如果一個版面中要使用不同字級的文字，基本上會挑選欄寬數字的因數。另外，本書中註釋、圖說的字體大小設定為內文字級的三分之二 9.12Q。行距與內文相同，設定在字級的二分四分，但整體下移 0.5 公厘，讓文章區塊落在格線的上下置中位置。

這樣設定，就能在同一個網格中運用不同字級的文字。這並非標準做法，也是有其他的方法。

無論如何，日文排印如果要像歐文排印一樣，在同一網格中運用不同字級的文字時，務必要小心決定字級大小與行距。

實務上，也可以配合字級大小使用不同的網格。

〈網格與設計哲學〉

關於網格系統的思想性，該書一開始收錄的〈網格與設計哲學〉一文做了很好的統整：

> 運用網格構成有秩序的系統，是設計師認為自己的工作具構成性且面向未來的一種表現。
>
> 這也是一種專業的心態的展現：設計師的工作應要具備智慧、客觀、功能性，而且具備基於數理性思考的美學品質。
>
> 設計師的創作因而應該奉獻給文化，而創作本身也該是構成文化的要素。
>
> 可分析、可複製的構成式設計，能夠以它的型態與色彩提升社會文化的水準。
>
> 客觀的、有心貢獻社會的設計，正符合民主主義的社會。做構成式設計，意味著將各種設計原則運用在解決實際問題上。按照井然有序而嚴謹的規則來完成創作，才能達到直率、淺顯易懂，以及統一的境界，而這在我們的社會生活中也是不可或缺的。
>
> 使用網格系統，就是在追求一種放諸四海皆準的有效性。

> 網格系統的使用包含以下的含意——
>
> 是追求系統化、明瞭化的意志
>
> 是追求本質、真正必要資訊的意志
>
> 是追求客觀性而非主觀性的意志
>
> 是追求創意生產與技術生產理性化的意志
>
> 是追求色彩、型態與材料統合的意志
>
> 是追求從二度空間到三度空間的建築性整合的意志
>
> 是追求積極、正向態度的意志
>
> 是相信教育的重要性，並且相信以構成式、創造性精神去創作的價值

所有的視覺藝術，都如實反映了製作者的天賦、知識、能力與心靈，網格系統也不例外。從上面摘錄的的這篇文章可以看出，作者穆勒－布洛克曼透過網格觀察了設計的本質，並認為設計本質要在文化上對社會做出貢獻，要達成這個目標，系統性與客觀性是不可或缺的，而網格系統是能夠達成這兩項性質的方法。

在這裡要強調的是，他完全不把網格系統單純看成一種方法或風格。

對他來說，使用網格系統，就等同於透過這種特徵強烈的表現手法表明他身為設計師的立場。同時，這也是讓他的理念與表現手法互相契合的方法。就這方面來看，網格系統與穆勒－布洛克曼已經合而為一了。網格系統不只是單純的技術或表現手法，而是一門融合了技術與表現手法的美學，也是穆勒－布洛克曼所達到的平面設計師心中的理想境界。

結論與考察——
做為一種美學的網格系統

從歷史面來看，網格系統有兩大根源。第一個根源，是從現代藝術傳承而來的造形原理和理想主義。現代藝術（尤其是構成主義藝術）所孕育出來的幾何式純粹抽象，不仰賴現實或傳統，打造出了全新的造形世界和語言。許多追求構成主義藝術的藝術家們，夢想在新的造形世界中「構成（建造）」一個理想世界。具有構成主義藝術根源的網格系統，在本質上也是這樣的。尤其在造形表現上，受到荷蘭風格派的具體藝術層面上的影響相當大。

網格系統的第二個根源，就是揚·奇肖爾德的「新文字排印」所建立的現代文字排印概念。新文字排印把平面設計的功能定位在傳達，並闡明了客觀性與邏輯性的重要性，而且成功將平面設計與印刷產業進行了整合。與產業結合，讓文字排印重新獲得了社會影響力。網格系統即繼承了新文字排印所追求的客觀性與邏輯性，以及與印刷產業整合所獲得的面向社會的性格。網格系統之所以劃時代，正是因為它以上述兩個根源為基礎，重視能提供客觀性、邏輯性的中立性的平面設計，且透過視覺方式呈現。

早在 1940 年代，馬克斯·比爾和理查·保羅·洛斯就先行使用網格系統來做設計。他們受到構成藝術、具體藝術的影響，運用其造形語言和現代文字排印的原則，運用網格系統做出日後被稱為「瑞士風格」的平面設計作品；他們透過海報、書籍、雜誌等設計，來探討何謂具備客觀性、邏輯性的中立平面設計。穆勒－布洛克曼正是加入了這道潮流，成為了瑞士風格的旗手。

他們所提倡的中立性，與網格系統具備的符合邏輯且客觀的排版方法，以及網格系統以水平、垂直為基調的外觀合而為一。就這點來看，網格系統同時也是融合思想與表現的方法。

網格系統所實現的理念與表現手法、目的與方法的一致性，形成了「新平面設計」潮流，並為社會所接受。

國際平面設計雜誌《新平面》所提倡的新價值觀，與戰爭前與戰爭中的狂熱國家主義及革命思想是完全對立的。然而，它也還是具備了歷史性，接續了戰前的現代藝術潮流、平面設計、文字排印，以及包浩斯當時所打造的基礎課程。這讓它受到年輕世代的熱烈歡迎[15]。

穆勒－布洛克曼所著的《平面設計中的網格系統》，在思想上與表現手法上都明確解釋了網格系統的本質。《平面設計中的網格系統》之所以如此重要，是因為網格系統中蘊含了穆勒－布洛克曼所追求的平面設計師的理想姿態。

正因如此，對穆勒－布洛克曼來說，網格系統能夠當作極佳的理想教材（對他本人亦然）。學習網格系統，就是學習一套技術、方法與思想，去理解文字排印原則、網格架構，以網格進行視覺化的作業來分析原稿內容，並考慮客觀性與邏輯性來排版。透過這樣的過程，反覆思考平面設計師的中立性與社會立場。這讓人有機會思索該如何在保有自己個性的同時，以平面設計師的身分參與社會。網格系統能有這樣的教育效果，是因為它蘊含了對平面設計師應有姿態的規範。對穆勒－布洛克曼來說，平面設計師並不只是實現客戶目標的專業人士，他認為平面設計師是構成社會的公民的其中一種立場，而製作平面設計，就是一種公民貢獻社會的方法。平面設計師透過運用網格系統，中立而客觀地呈現具社會性、文化性意義的訊息，對自己製作的設計負責，建立起與民眾的信任，促進文化形成，提升社會經濟。

這種平面設計師的姿態，正是穆勒－布洛克曼以自己的人生所追求、到達的理想境界。就這方面來看，網格系統在思想上或表現上，都可以說是一種人生的容器。正因如

---

[15] 與過去的連結對年輕人來說是非常重要的。對當時的學生來說，穆勒－布洛克曼的作品與包浩斯流的基礎教育、印刷原理，以及平面設計師都有關係。而這個局勢現在依然成立，穆勒－布洛克曼依然是現代學生所熟知的熱門設計師。

幾乎與吉川靜子（1934-2020）同時代的森啓（1935-）說了下面這段話，就是很好的佐證。「年輕世代學過（1950 年代當時）看起來已經名存實亡的包浩斯流的基礎設計，受過以色塊構成畫面、以尺規畫出幾何圖形的訓練。因此，穆勒－布洛克曼的作品的邏輯架構，配上具有功能性、合理性的外觀，這些年輕世代很樂於接受。／以數學邏輯來做設計的手法，與印刷版面的邏輯、一筆一畫、多色印刷等邏輯都有共通性。我認為它形成了一股設計浪潮，創造出新的動態。」——森啓〈橫越十五年欣賞穆勒－布洛克曼的作品〉《季刊 Design》12 冬號，美術出版社，1976 年 1 月 1 日，pp.23-24

此，「網格系統」才成為了一門美學。

正如之前所說，網格系統並非沒有缺點。網格系統的優點在於理念與表現手法一致，但這也是它的弱點。無關乎思想如何，網格系統的風格隨時有遭到觀者拒絕的危險。一旦被觀眾拒絕，它的思想性也會被敬而遠之；相反地，也有可能只有風格成為流行，思想則受到冷落。1960 年的世界設計會議前後，就已經有人提出這樣的擔憂了。

世界設計會議隔年（1961 年），穆勒－布洛克曼受到日本設計學校與浪速短期大學的邀請，於四月中旬造訪日本，在兩所學校分別開了三星期的特別課程；另外也舉辦了一般的演講、公開講座、學術研討會、展覽等多種活動。這年訪問日本的行程，還包括了受日本設計學生聯合會邀請前往武藏野美術大學、女子美術大學等機構進行演講等，活力十足。

永井一正與向井周太郎曾經有篇對談，刊載於《Design》雜誌 1961 年 7 月號，討論了穆勒－布洛克曼這段期間的活動 [16]。如果要知道當時的日本如何看待穆勒－布洛克曼與他的作品，乃至於考察現今的設計狀況，這場對談都是很好的參考資料。

永井一正對穆勒－布洛克曼的理念與作品評論如下。「光靠發話者的意志，溝通是無法成立的，也必須要有接收者的意志與理解才行。就算依循著溝通的功能進行合理的安排，在這個大眾媒體發達的時代，訊息能不能確實吸引接收者的目光、在人心中累積印象，我是有點疑慮的。所以我會希望溝通之中，能有吸引目光與心靈的元素。我想，若能稍微擴大範圍去闡釋『功能』，應該能以更有魅力的方式呈現吧。」「《新平面》所刊登的大多數作品，普通人看起來應該都像是同一個藝術家的作品。」（底線為筆者強調，以下亦同。）

另一方面，向井周太郎則有以下評論。「在日本，我想很有可能這樣（中略）以穆勒－布洛克曼的風格調性，卻光是模仿表面的型態而已，這其實是相當簡單的事，所以說如果造成了這種影響，我認為應該是非常不妙的吧。」

[16] 永井一正、向井周太郎〈談約瑟夫‧穆勒－布洛克曼〉（J. ミューラー・ブロックマンを語る），《Design》（デザイン），美術出版社，1961 年 7 月號，pp.2–12

兩者的發言都提及了網格系統的弱點，也歷歷在目地呈現了當時進入經濟高度成長期的日本，平面設計是怎麼樣的狀況。

即便如此，兩人的立場幾乎是完全相反。向井周太郎擔心大家只在表面上接受穆勒－布洛克曼作品中理念與表現手法的一致性，根本上他還是肯定穆勒－布洛克曼的理念價值。相對地，永井一正則直接對理念與表現手法間的關係提出質疑，認為不論設計師的個性如何，由穆勒－布洛克曼的理念衍生出的表現手法容易淪為單一，壓抑了設計師的個性。

「身為公民，得要透過設計來貢獻社會」，網格系統完全體現了穆勒－布洛克曼想表達的理念。由此衍生出的風格，理念優先於表現手法是必然的。其實，對於將網格系統定位於現代藝術系譜之上的穆勒－布洛克曼等人來說，應該原先就沒有「網格系統會抑制表現手法」這個想法。他只是個做為一般公民、信仰「做為藝術的設計」的平面設計師而已。

永井一正是個生於媒體爆炸與經濟高度成長社會中的專業設計師，才以務實而實際的立場做出那樣的發言，期待平面設計師的表現手法能夠具備某種創作者的主觀性──期待做為一種具備藝術性的設計（或者說平面藝術）。實際上，在當時的設計圈，為了因應客戶多元的要求，這樣的態度是必須的。但是這種態度也有危險，會抑制設計師的中立性與獨立性，造成表現手法脫離理念，變得空洞。戰爭期間的政宣美術就是如此，穆勒－布洛克曼也就是害怕這樣的結果，才會脫離了插畫圈。

穆勒－布洛克曼生於 1914 年，戰爭奪走了他的父親，而自己也經歷過兵役，以戰前的歷史潮流為基礎，試圖透過設計來思索戰後社會應有的樣貌；而永井一正生於 1929 年，比穆勒－布洛克曼小十五歲，儘管幼時經歷戰爭，卻生活在高度經濟成長期，對未來懷抱無限想像。但即使屏除兩人的年齡差異，兩者對「公民」的立場看法不同，仍是顯而易見的。

穆勒－布洛克曼曾經在發現香菸對人體的危害後，從此堅拒這種會害人的設計工作。

當時他採取的這種立場，不只是從平面設計師出發，而是社會的一分子。日本原本就缺乏這種公民社會的意識，或許也是網格系統在日本被認為有其弱點的原因之一吧。

向井周太郎在這場對談中，提到了穆勒－布洛克曼的演說內容。「他在武藏野美術大學的演講開頭是這樣的：我很高興今天受邀來到這裡，能夠在這裡對各位學生演說，我感到非常光榮，也非常高興。我要感謝貴校的邀請，同時也要感謝我自己。畢竟我不知不覺經歷這麼長的歲月，終於成為一個公民。我成為了一個公民，才讓我有了資格站在各位在校學生的面前說話，所以我必須感謝這樣的自己。當時翻譯是翻成他認為自己成為了一個『成人』，但他當時確實是他說認為自己成為了一個公民，也就是說他認為自己『是個公民』。光是這句話，好像就能理解了他的步伐，真的讓我好吃驚啊。」──把「公民」翻譯為「成人」，明白地訴說了當時日本的狀況。公民與社會這樣的詞彙，在日本到底有沒有人了解真正的意義，有沒有人接受？或許到今天還沒被接納

吧。說得更白一些，我們能夠像相信家人一樣相信社會嗎？在這樣的情況下，穆勒－布洛克曼的思想和作品，從公民的立場規範了平面設計師應有的樣貌，日本人究竟能理解多少？

這篇對談文以穆勒－布洛克曼的公民性為主軸討論了設計，並蘊含著「設計究竟該定位在公民活動或經濟活動的延長線上」這個至今仍未有答案的二元對立，以上正是這場對談的重要性。

結果，這樣的討論到後來就沒有什麼進展了。當然不是再也沒人討論，但已經失去網格系統剛出現時的新鮮感，脫離了流行的中心，幾乎不再有人從公民性的觀點去討論平面設計了。

但同時，網格系統一方面成為了視覺設計領域的基本方法，同時也被定位在現代藝術的系譜上，成為一種表現主義的平面設計。結果到了今天，除了少數設計師之外，大家幾乎都忘了「理念與表現的一致性」這種網格系統原有的優點與美學。

從世界潮流來看，1960 年代到 1970 年代之間，社會發生劇烈變化，網格系統的理念與表現，甚至整個現代主義都在衰退。隨著消費文化與大眾媒體的成長而出現的普普藝術，或者隨著冷戰結構或人權問題而興起的反抗文化（counter culture），都源自於懷疑「對社會的信任」，而這信任卻正是穆勒－布洛克曼所提倡的理念的前提。可見，新的時代已然到來。

以這個時期為分水嶺，設計／設計師的狀態也大幅改變，人們認為網格系統排除了設計師的表現慾，或者剝奪了設計師的自由，甚至給它貼上威權主義的標籤。

在回顧了過去的興衰後，網格系統今日的復興顯得含意非常深遠。

在資訊媒體普及的背景下，網格系統現在的用途更加廣泛。資訊媒體帶來的龐大資訊量，以及其技術條件對視覺設計所要求的合理性及功能性，確實與網格系統相當合拍。網格系統更加發揮作用，變得無所不在，與我們愈來愈密切。

如今，網頁、應用程式介面每天都在透過電腦演算法來運算／生成網格；許多文章、圖片、影像資料在網格中川流不息，大家也習以為常。

這裡已經產生一股力道，別說是理念與表現手法的一致性，連內容與表現一致的這個立場都被甩開了。而且這股以網格為舞台的洪流，沒有人知道會衝向何方，也沒有人知道這樣下去，世界會奔向怎樣的結局。

無論如何，我們可以說是正在面對一個前所未見的局勢。

在這樣的局勢之中，我相信現在去玩味穆勒－布洛克曼的人生，重新探討網格系統做為一種美學是從何而來，具有一定的意義。我並不是想透過網格系統去復興現代主義或瑞士派，然而，使用網格系統能提供我們一個契機，去重新檢討自己與社會的關係，設計師就能恢復一定的健全性。

穆勒－布洛克曼對設計表現出的一貫真誠態度，以及他抵達的「網格系統」這個里程碑，背後總是有著他的姿態——他在人生路上全力以赴的姿態。只要這姿態還能打動

人心，它的思想與表現價值就不會消失吧。對穆勒－布洛克曼來說，網格系統能成為一門美學的原因也在於此。美學不只是單純的思想，必須打動人心，美學才會成立。

穆勒－布洛克曼在自傳書名後加上的「玩得認真，認真地玩」這句話，真是恰如其分地呈現了他的這種態度。

他以公民身分對社會展現的認真，與他的藝術家玩心是一體兩面的。也就是說，穆勒－布洛克曼透過一個公民的立場，在自己的職業與技能中打造起讓自由與責任能相互保證的關係。

當我們這麼想，現在的狀況或許是個好機會——如今網格系統隨處可見，我們有了機會能夠重新以美學角度看待它，再用現代的脈絡重心探討設計／設計師應有的樣貌；我們也有了機會可以重新探討穆勒－布洛克曼終其一生所追求的設計師理想境界，在現代有何意義。

這次的重新探討，應該會是一趟豐饒的旅程吧。穆勒－布洛克曼的人生散發出的真誠光輝，或許能照亮我們的內心，給我們勇氣去按照我們的天賦邁出第一步。

如果現今每個人、每個設計師在投入工作時，都能既認真也同時帶著自由的玩心，應該沒有比這更美妙的事了吧。

IV　資料

年表

年表製作係參考本書自傳、「參考文獻‧資料」以及吉川靜子女士專訪的內容。各年
份所刊載之事項若日期可知，則標明日期並依時序刊載；詳細日期不明，則整理於
後方刊載。

年份	年齡	事項
1914	0	5 月 9 日出生於瑞士的拉珀斯維爾，在八名孩子中排名第七。
1930	16	初中畢業之後，進入印刷公司的加工部門工作，一星期後離職。接著去蘇黎世的建築事務所工作，一個月後離職。
		之後在艾力克斯‧華特‧迪格曼（Alex Walter Digglemann，1902-1987）的工作室當平面設計師學徒，隔年十八歲於未取得結業證書下離職。
1932	18	每週一天下午在蘇黎世應用美術學校師從恩斯特‧柯勒（Ernst Keller，1891-1968）與埃弗瑞德‧威利曼（Alfred Willimann，1900-1957）以學徒身分學習了兩年。也花了四年時間，在蘇黎世各所大學旁聽美術史、哲學、音樂、自然科學、心理學等課程並自學繪畫、草圖、插畫、文字排印等。
		這年起，在蘇黎世當起自由設計師，剛開始主要經手櫥窗設計。
1934	20	1 月 8 日，吉川靜子生於福岡縣大牟田市。
1937	23	獲選為瑞士工藝聯盟（Schweizerische Werkbund，SWB）史上最年輕的會員。在這年與馬克斯‧比爾（Max Bill，1908-1994）、理查‧保羅‧洛斯（Richard Paul Lohse，1902-1988）組成具體藝術家團體「Allianz: Vereinigung Moderner Schweizer Kunstler（現代瑞士藝術家聯盟）」。此團體 1942 年於蘇黎世、1944 年於巴塞爾舉辦了「具體藝術展」。他們對瑞士派的平面設計師造成影響，也形成了新的造形藝術潮流。
1938	24	獲選為瑞士平面設計師協會（Verband Schweizer Grafiker，VSG）的創辦成員。（1957-1958 年為副會長，1959 年為會長。）
1939	25	在瑞士國際展覽會中，負責設計「瑞士大學」及「瑞士美術史」、「物理與醫學」展區。這份工作讓他在瑞士聲名大噪。靠著當時的收入，他原本想到費南‧雷捷或阿米迪耶‧奧桑方底下學習，卻因為第二次世界大戰爆發而告吹。
1939	25	以軍官身分服役（直到 1945 年 31 歲退伍，共六年），期間於 1943 年（29 歲）與小提琴家費雷娜‧布洛克曼結婚，往後自稱穆勒－

		布洛克曼。
1944	30	長子安德列斯出生。
1945	31	第二次世界大戰結束後，重新開始以設計師身分活動。這個時期除了設計展覽、畫插圖之外，也在瑞士、慕尼黑、哥本哈根等地做舞台設計、設計人偶戲用的人偶等等。
1947	33	受到瑞士交通推廣局委託，製作巴塞爾鐘錶展的插圖。
1948	34	受到瑞士商業中心委託，設計布拉格國際展售會瑞士館的空間。
1949	35	這時候他已經功成名就，但是拿自己的作品與摩荷里－納基、卡爾·泰格、艾爾·李希茲基、赫伯特·拜耳、拉許兄弟、麥斯·布夏茲、揚·奇肖爾德、A. M. 卡山鐸、尚·卡盧等 1920 年代的偉大廣告平面設計相比後，發現有著「無法超越的水準差異」。
1950	36	從此時開始轉往構成式設計，同時也專注於平面設計。他最知名的表現，就是 1951 年受蘇黎世音樂廳協會委託開始製作音樂會海報，直到 1972 年為止，長達二十年。
1951	37	受推薦成為國際平面設計聯盟（Alliance Graphique Internationale，AGI）會員。
1952	38	吉川靜子就讀津田塾大學英文系。
1953	39	經手設計瑞士汽車聯盟海報〈保護孩子！〉，後續於 1954、1955、1958 年亦有製作。
1954	40	在瑞士的荷姆豪斯舉辦最後一場「Allianz」展覽。
1956	42	2 月 15 日，與漢斯·諾伊堡、理查·保羅·洛斯、卡羅·維瓦列里等人碰面，討論要創辦一本與現代平面設計有關的國際雜誌。當時決定了雜誌名為《新平面》（Neue Grafik），以及創刊期由維瓦列里設計。提議要創辦雜誌的人是穆勒－布洛克曼。這四人都住在蘇黎世。 6 月，受威爾·伯汀（Will Burtin，1908–1972）委託，參加美國科羅拉多州的國際設計會議，小說家馬克斯·弗里施和也在瑞士巴塞爾擔任平面設計師、教師的阿敏·霍夫曼（Armin Hofmann, 1920–2020）一同參加。會議結束後曾考慮是否留在美國活動，但停留三個月就回國。 吉川靜子自津田塾大學畢業。
1957	43	於蘇黎世應用美術學校擔任平面設計班主任，繼承恩斯特·柯勒的衣缽。任教四年期間所建立的教育方法刊登在〈平面設計師培育系統〉，《新平面》第 7 期（1960 年）。這些內容之後也被整理出版成《平面設計師的設計問題》（Graphic Artist and His Design Problems，1961 年）

1958	44	9 月，與漢斯‧諾伊堡、理查‧保羅‧洛斯、卡羅‧維瓦列里等人發行第 1 期《新平面》雜誌（1965 年停刊）。這本國際雜誌介紹了許多瑞士國內的設計，讓世界認識了瑞士派的存在。
1960	46	5 月，出席東京舉辦的世界設計會議（World Design Conference，WoDeCo）並登台演說。出席會議之後，造訪日本各地。 他在這場會議中第一次見到吉川靜子，當時吉川靜子是東京教育大學三年級生，英文能力優秀，因此在世界設計會議事務局當工讀生，也負責翻譯。 是年，瑞士噪音防治協會的海報甄選會，選出〈降低噪音吧〉海報為冠軍。
1961	47	4 月造訪日本，分別在日本設計學校（現為日本設計福祉專門學校）、浪速短期大學（現為大阪藝術大學）開了三星期的連續課程。 5 月在東京的松屋與大阪的大丸畫廊舉辦個展，並在日本停留到 7 月。期間舉辦演說、座談會等等。 吉川靜子與他同行，擔任浪速短期大學與日本設計學校演說中的翻譯。 穆勒－布洛克曼回國之後，擔任德國陶瓷製造商羅森塔爾公司，以及麥斯‧拜斯豪普特公司的設計師／顧問。 9 月，吉川靜子從東京教育大學畢業，前往德國烏爾姆造型學院修習視覺設計課程。
1962	48	擔任烏爾姆造型學院的約聘講師（到 1963 年為止）。當時吉川靜子是烏爾姆造型學院二年級生，也是穆勒－布洛克曼的學生，接受文字排印與平面造型的指導。
1963	49	接受馬克斯‧比爾的委託，替舉辦於瑞士洛桑的瑞士世界博覽會「Expo 64」設計「教育、科學、研究」展區的內容。為了達成這項工作，穆勒－布洛克曼增聘員工，其中一人就是從烏爾姆造型學院休學的吉川靜子。
1964	50	妻子費雷娜死於車禍。 瑞士世界博覽會「Expo 64」展出了「教育、科學、研究」展區。這次的成果參與了許多巡迴展覽，直到 1967 年獨立開業為止。 10 月 10 日到 24 日之間舉辦了東京奧運。
1965	51	與朋友克魯特‧斐德勒和奧根‧斐德勒在拉珀斯維爾成立了「藝廊 58」，並設置具體藝術推廣中心。之後於 1974 年改名為「湖畔街藝廊」，營運至 1990 年為止。 接受吉川靜子、保羅‧蘭德（Paul Rand，1914–1996）的邀請，前往耶魯大學發表網格系統相關演說。

1967	53	擔任 IBM 歐洲總部的設計顧問（至 1988 年為止）。與三名合夥人彼得・安德麥特（Peter Andermatt，1938–2005）、麥斯・巴提斯（Max Baltis）、列迪・盧耶格（Rüedi Ruegg，1936–2011）在蘇黎世車站前成立穆勒 – 布洛克曼公司（Müller-Brockmann & Co.）。 是年，與吉川靜子結婚。
1970	56	在大阪藝術大學開辦特別課程，並在該大學藝術中心舉辦版畫展。是年，馬克斯・比爾也開辦了特別課程。 從此時期開始，吉川靜子專心投入藝術家活動。
1971	57	出版著作《視覺傳達的歷史》（A History of Visual Communication）、《海報的歷史》（History of the Poster，與吉川靜子合著）。
1972	58	成為美國渥太華卡爾頓大學（Carleton University）的榮譽顧問。 吉川靜子受到建築師卡爾・西基的委託，在蘇黎世霍恩格地區的天主教區中心，替三面水泥牆作藝術設計。之後吉川靜子就是這類公共設計案比賽的常勝軍。
1974	60	替拉珀斯維爾州設計雕像。 擔任大阪藝術大學的約聘講師。 是年，在該大學的研究期刊《藝術》第 2 期中發表〈網格系統：功能與發展〉（日文翻譯：吉川靜子）。 吉川靜子於藝廊 58 舉辦首次個展。
1976	62	替好利獲得、瑞士鐵路（SBB）、美國雜誌《Trans Atlantic》、瑞士藝術研究所、蘇黎世美術館等單位做設計。 辭去穆勒 – 布洛克曼公司的設計師職務（公司營運至 1984 年）。
1978	64	擔任德國聯邦獎頒發機構「好的形式」的甄選委員（直至 1983 年為止）。 吉川靜子接受志水楠男（1926–1979）邀請，在南畫廊舉辦「Color Shadow」展，這是她在日本的第一場展覽。
1981	67	出版著作《平面設計中的網格系統》（Grid Systems in Graphic Design）。協助柏林美術館舉辦展覽「幾何學語言：絕對主義、荷蘭風格派，以及其連動」（Sprache der Geometrie heute: Suprematismus, De Stijl und Umkeris）。
1982	68	設計的書籍《包浩斯之中的康丁斯基教育》（Kandinsky-untericht am bauhaus）在法蘭克福的「德國最美的書」大賽中得獎。
1983	69	發行《平面設計師的設計問題》（Graphic Artist and His Design Problems）（此書為 1961 年所發行的同名書，於美國重新發行）。
1985	71	替瑞士鐵路設計的標示設計獲得布魯內爾獎。
1987	73	獲得蘇黎世州大獎金牌。

1988	74	出版著作《IBM 的平面設計：文字排印、攝影、插圖》（*Graphic Design in IBM: Typography, Photography, Illustrations*）。獲選為倫敦皇家藝術學院產業部門的榮譽皇家設計師。
1989	75	與卡爾・沃普曼（Karl Wobmann）合著《相片海報史》（*Fotoplakate: Von den Anfängen bis zur Gegenwart*）。 擔任亞利桑那大學約聘講師。
1990	76	在美國設計中心（American Center For Design）發表了 Middleton Award 得獎紀念演說。
1990–91	76	在美國哥倫比亞舉辦巡迴課程（至 1991 年為止）。擔任哥倫比亞國立大學約聘講師。
1992	78	吉川靜子獲得蘇黎世頒發卡米爾・葛雷薩獎。
1993	79	二月，長子安德列斯逝世。 替瑞士鐵路做的設計獲得瑞士設計獎。 與吉川靜子前往以色列旅行。吉川靜子回顧當時如是說：「我過六十歲生日的時候耍了點任性，要和先生單獨去旅行。1970 年代開始，我們就習慣在歐洲度假。對我們這種上個世代的人來說，出門旅行卻與工作無關，這還是頭一遭。我感覺他在這趟旅程之中，走路的速度慢了些，而他四年之後就去世了，死於癌症。當時年輕的醫師不敢告訴他檢查結果，他卻說『你猶豫什麼呢？天堂不是個好地方嗎？』——他啊，連這種時候都不忘了要幽默。」
1994	80	由拉爾斯・穆勒公司出版自傳《我的人生：玩得認真，認真地玩》（*Mein Leben: Spielerischer Ernst und ernsthaftes Spiel*）（本書之原文書） 獲頒歐盟設計獎。
1995	81	踏上從北京到喀什市的絲路之旅，又探索了墨西哥遺跡，然後參加國際設計會議。 拉爾斯・穆勒寫了一本《約瑟夫・穆勒－布洛克曼：瑞士平面設計先驅》（*Josef Müller-Brockmann: Pioneer of Swiss Graphic Design*），由他自己編輯設計，再由拉爾斯・穆勒出版社發行。
1996	82	於倫敦皇家建築研究所（Royal Insite for British Architecture, London）發表演說。 3 月到 4 月之間，吉川靜子在東京現代雕刻中心舉辦個展「吉川靜子：宇宙的紡織品」。 8 月 30 日，逝世於蘇黎世。隔天獲得推薦，成為布魯諾國際設計雙年展及俄羅斯平面設計學院的榮譽委員。

參考文獻、資料

穆勒－布洛克曼的著作

- Josef Müller-Brockmann, *The Graphic Artist and His Design Problems*, Zürich: Niggli AG, 1961.
- Josef Müller-Brockmann, Shizuko Müller-Brockmann, *Geschichte des Plakates / Histoire de l'affiche / History of the Poster*, London: Phaidon Press, 1971.
- Josef Müller-Brockmann, *A History of Visual Communication*, Niederteufen: Niggli, 1971.
- ヨゼフ・ミューラー＝ブロックマン「グリド・システム：その機能と発展」吉川静子〔訳〕、『大阪芸術大学紀要〈芸術〉』第2号、pp. 1–10、1973年3月20日
- Josef Müller-Brockmann, *Grid systems in graphic design: A visual communication manual for graphic designers, typographers and three dimensional designers / Raster systeme für die visuelle Gestaltung: Ein Handbuch für Grafiker, Typografen und Ausstellungsgestalter*, Niederteufen: Verlag Arthur Niggli AG, 1981.
- Josef Müller-Brockmann, *The Graphic Designer and His Design Problems*, New York: Visual Communication Books, Niederteufen: Verlag Arthur Niggli AG; Ner York: Hastings House, 1983.
- Josef Müller-Brockmann, *Graphic Design in IBM: Typography, Photography, Illustrations*, IBM Europe, 1988.
- Josef Müller-Brockmann, Karl Wobmann, *Fotoplakate — Von den Anfängen bis zur Gegenwart*, Stuttgart: AT Verlag, 1989.
- Josef Müller-Brockmann, *Mein Leben:*

以下為自傳翻譯及撰寫解說時所參考的主要文獻與資料。

各項資料大致案內容分類，並按照出版年分排列。若有日文版則列出日文版，若有改版則列出新版，但排列順序都以第一版發行年分為準。

Spielerischer Ernst und ernsthaftes Spiel, Baden: Lars Müller Publishers, 1994.

- Josef Müller-Brockmann, ed. Lars Müller, *Josef Müller-Brockmann: Pioneer of Swiss Graphic Design*, Baden: Lars Müller Publishers, 1995.

穆勒－布洛克曼的相關資料

- 「J. M. ブロックマン」『アイデア』27 号、誠文堂新光社、1958 年 2 月、pp. 36–43。
- 「シンポジウム・グラフィックデザインの現代的使命」『広告』通巻 148 号、博報堂、1960 年 7 月号、pp. 6–9
- 永井一正、向井周太郎「J. ミューラー・ブロックマンを語る」『デザイン』美術出版社、1961 年 7 月号、pp. 2–12
- 「ミューラー・ブロックマンの個展」『アイデア』48 号、誠文堂新光社、1961 年 8 月、pp. 38–53
- 勝見勝「ミューラーブロックマン作品集」『グラフィックデザイン』5 号、ダイヤモンド社、1961 年 10 月、pp. 7–26
- 杉浦康平「ミューラーブロックマンの周辺」『Japan Design Students Association』vol. 2、日本デザイン学生連合広報部、1961 年 10 月 22 日、pp. 8–9
- J・ミューラーブロックマン、塚本英世、西脇友一ほか「J・ミューラーブロックマン氏を囲む公開座談会：グラフィックデザインの一般について」『DAS』総合デザイナー協会、1961 年 11 月 30 日、pp. 1–11
- 美術出版社編集部〔編〕「ヨゼフ・ミューラー・ブロックマン」『ヨーロッパのグラフィックデザイナー』第 1 集、美術出版社、1970 年 7 月 20 日、pp. 68–91
- ヨゼフ・ミューラー・ブロックマン「ノイ・ハース見本帖のデザイン」『エディトリアルデザイン』世界のグラフィックデザイン 6、勝井三雄、大淵武美〔編〕、講談社、1975 年 1 月 20 日、pp. 114–115
- 森啓「15 年の時間を越えて：ミューラー・ブロックマン氏の作品を見る」『季刊デザイン』no.12、美術出版社、1976 年 1 月 1 日、pp. 23–24
- Yvonne Schwemer Scheddin, Josef Müller-Brockmann,' Reputations: Josef Müller-Brockman,' *Eye*, no. 19 vol. 5, 1995.
- Richard Hollis, ' Josef Müller-Brockman: Cleary a designer,' *The Guardian, London:* Thursday September 12 1996.
- 亀倉雄策「昔ながらの友、ブロックマンの死」『アイデア』260 号、誠文堂新光社、1997 年 1 月、pp. 102–109
- 藪亨「ヨーゼフ・ミューラー＝ブロックマンの造形とデザイン思考」『大阪芸術大学紀要藝術』大阪芸術大学芸術研究所、29 号、pp. 131–140、2006 年 12 月
- Kerry William Purcell, *Josef Müller-Brockmann*, London: Phaidon Press, 2006.
- 佐賀一郎「ヨゼフ・ミューラー＝ブロックマンの人と作品」『ヨゼフ・ミューラー＝ブロックマン：遊びある真剣 、そして真剣な遊び』図録、ポスター共同研究会（株式会社竹尾、多摩美術大学）、2017 年 3 月、pp. 1–32
- 佐賀一郎「ヨゼフ・ミューラー＝ブロックマンと吉川静子」『swiss design stories: form and cultural affinities across japan and switzerland』在日スイス大使館、2018 年 2 月、pp. 26–43

吉川靜子的相關資料

- 吉川静子「スタッフ照明会社の工場」
『環境のグラフィック』世界のグラフィックデザイン7、粟津潔、磯崎新、福田繁雄〔編〕、講談社、1974年6月14日、pp. 90–91
- 羽原肅郎「吉川静子夫人のこと」『季刊デザイン』no.12・冬号、美術出版社、1976年1月1日、pp. 18–22
- 吉川静子「吉川静子のコンクレーテ・アート」『デザイン』no.4〔通巻184号〕、美術出版社、1978年5月、pp. 51–66
- shizuko yoshikawa, *shizuko yoshikawa: bilder 1976–1992*, exh. cat., haus für konstructive und konkrete kunst, zürich; branden-burgische kunstsammlungen cottbus, cottbus, Zürich: 1993.
- Peter Münger, *Shizuko Yoshikawa*, Zürich: Künstler-Videodokumentation, 1993.
- 現代彫刻センター〔編〕『宇宙の織りもの：吉川静子展』現代彫刻センター、1996年
- 津田塾大学創立100周年記念記念誌出版委員会〔編〕『未知への勇気：受け継がれる津田スピリット』津田塾大学創立100周年記念、津田塾同窓会、2000年10月7日
- 川本静子「吉川静子：ヨーロッパの自分だけの部屋」『津田梅子の娘たち：一粒の種子から』ドメス出版、2001年3月22日
- 吉川静子「宇宙のどこかに、私の「それ」がある」『静寂と色彩：月光のアンフラマンス』図録、川村記念美術館、2009年10月、pp. 107–117

戦後日本與現代設計的相關資料

- 勝見勝「デザイナーの意識について」『工芸ニュース』19巻2号、1951年7月、p.18
- 「デザイン教育拝見 東京教育大学芸術部」『工芸ニュース』21巻3号、1943年3月、pp. 41–45
- マックス・ビル「ワイマールの国立バウハウスからウルムの造形単科大学（ニュー・ジャーマン・バウハウス）へ」勝見勝〔訳〕『工芸ニュース』22巻4号、1954年4月、pp. 25–28
- 「デザイン・ブームをどう思う？」『工芸ニュース』22巻9号、1954年9月、pp. 8–14
- 高橋正人「構成教育：デザインの基礎」『工芸ニュース』22巻9号、1954年9月、pp. 31–34
- 勝見勝〔司会〕「座談会デザインの社会化」『工芸ニュース』22巻10号、1954年10月、pp. 2–9
- 福井晃一「ヴェルクブントの精神：D.W.B.よりS.W.B.へ」『工芸ニュース』23巻1号、1955年1月、pp. 11–15
- 清水千之助「ウルム造形大学での教育（1）」『工芸ニュース』26巻5号、1958年6月、pp. 28–35
- 清水千之助「ウルム造形大学での教育（2）」『工芸ニュース』26巻6号、1958年6月、pp. 27–37
- 世界デザイン会議議事録編集委員会〔編〕『世界デザイン会議会議録』美術出版社、1961年11月30日
- 阿部公正「具体芸術の論理」『美學』15巻3号、1964年12月、pp. 25–27
- 小池新二「ULMからVIENNNAへ：教育ゼミナールとICSID総会」『工芸ニュース』33巻3号、1965年3月、pp. 3–8
- 勝見勝〔監修〕『現代デザイン理論のエッセ

ンス：歴史的展望と今日の課題』ぺりかん
社、1966 年 9 月 20 日、増補版第 11 刷
1986 年 4 月 20 日
- 高橋正人『構成：視覚造形の基礎』鳳山社、
1968 年 4 月 10 日
- 原弘「私的デザイン彷徨記」『日本デザイン
小史』ダヴィッド社、1970 年 9 月 1 日、
pp. 82–89
- 森啓「戦後グラフィックデザイン私説」
『デザインの思想』川添登〔解説〕、川添
登、加藤秀俊、菊竹清訓〔監修〕、現代デ
ザイン講座 第 1 巻、風土社、1971 年 7 月
15 日、pp. 297–356
- 粟津潔、原弘、杉浦康平「座談会・割付
用紙をめぐって」『季刊デザイン』第 1 号・
春、美術出版社、1973 年 4 月、pp. 27–54
- 山名文夫『体験的デザイン史』ダヴィッド
社、1976 年 2 月 10 日
- 田中一光〔企画〕『聞き書きデザイン史』
株式会社アルシーブ社〔編集協力〕、六耀
社、2001 年 6 月 15 日
- 森啓『デザイン原論』女子美術大学講義
録、女子美術大学、2008 年 6 月 20 日
- 向井周太郎『デザイン学：思索のコンステ
レーション』武蔵野美術大学出版局、
2009 年 9 月 25 日

瑞士派相關資料

- *Neue Grafik / New Graphic Design / Gra-
phisme actuel, 1958–1965 Reprint 2014*,
edited by Lars Müller, Zürich: Lars Müller
Publishers.
- Karl Gerstner, Markus Kutter, *die neue
Graphik / the new graphic art / le nouvel art
graphique*, Niederteufen: Verlag Arthur

Niggli AG, 1959.
- Bruno Margadant, *L'afiche suisse / Das
Schweizer Plakat / The Swiss Poster: 1900–
1983*, Basel: Birkhäuser Verlag, 1983.
- Christoph Bignens, *Swiss Style: Die grosse
Zeit der Gebrauchsgrafik in der Schweiz
1914–1964*, Zürich: Chronos Verlag, 2000.
- ポスター共同研究会・多摩美術大学〔編〕
『構成的ポスターの研究：バウハウスから
スイス派の巨匠へ』中央公論美術出版、
2001 年 11 月 21 日
- 山中俊広、小口斉子〔編〕 『戦後ヨーロッ
パ・グラフィックの潮流：スイス派／ポー
ランド・ポスター』大阪芸術大学博物館開
設記念所訳品展、大阪芸術大学博物館、
2003 年
- ポスター共同研究会・多摩美術大学〔編〕
『リヒャルト・パウル・ローゼの構成的造形
世界：スイス派、ニューグラフィックデザイ
ン運動の旗手』中央公論美術出版、2004 年
- Richard Hollis, *Swiss Graphic Design:
The Origins and Growth of an International
Style 1920–65*, New Haven: Yale University
Press, 2006.
- Christoph Bignens, *Geschmackselite
Schweizerischer Werkbund: Mitglieder-
lexikon 1913–1968*, Zürich: Chronos
Verlag, 2008.
- Lars Müller, *Max Bill´s View of Things: Die
Gute Form: An Exhibition 1949*, Zürich: Lars
Müller Publishers, 2015.
- Dorothea Hofmann, *Die Geburt eines Stils:
Der Einfluss des Basler Ausbildungsmo-
dells auf die Schweizer Grafik*, Zürich:
Trieste Verlag, 2016.

其他資料

- Jan Tschichold, trans. Ruari McLean, *The New Typography: A Handbook for Modern Designers*, London: University of California Press, 1928, 1995.
- ハーバート・リード『インダストリアル・デザイン』勝見勝〔訳〕、みすず書房、1954年3月30日。Herbert Read, *Art and Industry*, 1934.
- ニコラス・ペヴスナー『モダンデザインの展開』白石博三〔訳〕、みすず書房、1954年6月30日。Nicolaus Pevsner, *Pioneers of Modern Design*, New York: Museum of Modern Art, 1949.
- Herbert Spencer, *Pioneers of Modern Typography*, 1969, 1982, revised edition with a new foreword by Rick Poyner, Cambridge, Massachusetts: The MIT Press, 2004.
- Hans M. Wingler, *Bauhaus: Weimar, Dessau, Berlin, Chicago, Cambridge*, Massachusetts: MIT Press, 1969.
- ハンス・M. ウィングラー〔編著〕『バウハウス：ワイマール／デッサウ／ベルリン／シカゴ〈BAUHAUS別冊日本語版〉』バウハウス翻訳委員会〔翻訳〕、宮内嘉久〔編集〕、造形社、1969年12月15日
- Willy Rotzler, *Constructive Concepts: A history of constructive Art from cubism to the present*, Zurich: AC Edition, 1977.
- Willy Rotzler, *Art and Graphics: Reciprocal Relations Between Contemporary Art and Graphics*, Zurich: ABC Verlag, 1983.
- 五十殿利治、土肥美夫〔編〕『コンストルクツィア：構成主義の展開』ロシア・アヴァンギャルド4、国書刊行会、1991年8月22日
- Robin Kinross, *Modern Typography: An essay in critical history*, London: Hyphen Press, 1992.
- 大石雅彦、亀山郁夫〔編〕『ポエジア：言葉の復活』ロシア・アヴァンギャルド5、国書刊行会、1995年7月4日
- 利光功、宮島久雄、貞包博幸〔編〕『バウハウスとその周辺I』バウハウス叢書別巻1、中央公論美術公論出版社、1996年9月10日。
- 利光功、宮島久雄、貞包博幸〔編〕『バウハウスとその周辺II』バウハウス叢書別巻2、中央公論美術公論出版社、1999年7月25日
- Robin Kinross, *Unjustified texts: perspectives on typography*, London: Hyphen Press, 2002.
- 井口壽乃、國府寺司〔編〕『アヴァンギャルド宣言：中東欧のモダニズム』三元社、2005年9月5日
- 寺山祐策〔編著〕、新島実、本庄美千代、多木浩二、五十殿利治、勝井三雄、向井周太郎〔著〕『エル・リシツキー：構成者のヴィジョン』図録、武蔵野美術大学出版局、2005年10月1日
- 谷本尚子『国際構成主義：中欧モダニズム再考』世界思想社、2007年4月10日
- Christopher Burke, *Active Literature: Jan Tschichold and New Typography*, London: Hyphen Press, 2007.
- 東京都庭園美術館ほか〔編〕『20世紀のポスター［タイポグラフィ］』図録、日本経済新聞社、2011年
- 高安啓介『近代デザインの美学』みすず書房、2015年3月25日

2014 年夏天，為了訪問吉川靜子女士，本書發行企畫兼編輯吉田知哉先生與我首次造訪瑞士蘇黎世郊區的穆勒－吉川府上。轉眼間，已經過了四年。

吉川女士接受我們連續多天的採訪，對我們提起許多穆勒－布洛克曼的往事。聽著她所講述的穆勒－布洛克曼，做為一位設計師、一位老師、一位丈夫，以及一個人，我們描繪出他的輪廓，也產生一種尊敬與親近的感覺。

我們在蘇黎世見到自傳的發行人，也是經手本書的編輯設計的拉爾斯·穆勒先生。他帶我們參觀他的工作室，講述發行自傳的經過，在製作這本自傳時與穆勒－布洛克曼先生的交流，以及穆勒－布洛克曼的為人，都讓我們印象深刻。拉爾斯先生提到與穆勒－布洛克曼共同製作自傳，對他來說是怎麼樣的意義非凡，我們也不禁聽得入迷，深表同感，至今回想依然相當懷念。

翻譯本自傳日文版的村瀨庸子女士，是穆勒－布洛克曼夫妻的多年好友，在本書決定發行之前就投入翻譯，並在我們出國之前提供了譯文。村瀨女士千辛萬苦完成翻譯，大大幫助本書的問世，而村瀨女士與穆勒－布洛克曼夫妻的關係，以及穆勒－布洛克曼的迷人個性，也讓我們印象深刻。

我們在前往蘇黎世之前先拜訪了村瀨女士，她說穆勒－布洛克曼這個人會用慢吞吞的瑞士腔德文逗人發笑，那雙清透的眼睛則像查理·卓別林一樣，充滿憂愁與慈愛。之後每次看到穆勒－布洛克曼的照片，我都會想起這段話。

穆勒－布洛克曼夫妻的另一位朋友熊野剛雄先生也接受了我們的採訪。熊野先生講了許多小故事，讓我們了解穆勒－布洛克曼突出的幽默感。熊野先生拿起原文版的自傳，不斷嘟噥著印在封面上的書名「*Spielerischer Ernst und ernsthaftes Spiel*（玩得認真，認真地玩）」，然後自言自語說：「這就是他啊。」這短短一句話，給我無比深刻的印象。

每當認識穆勒－布洛克曼的人一提起他，總是讓我們感覺到他就在身邊。透過專訪，這些人喚醒了回憶中他的模樣，也喚醒了一股開心或者親暱的心情，這些感受連我們都能夠感得出來。

這些人口中的穆勒－布洛克曼形象，就和自傳中的他一模一樣。從自傳中感到的穆勒－布洛克曼的真誠和內心隱藏的熱情，高尚、上進心……說得簡單些，這些熟識穆勒－布洛克曼的人讓我們了解到，自傳中收錄的小故事與他的人生光景，確實完全呈現了穆勒－布洛克曼的人格。

現在回想起來，熟識穆勒－布洛克曼的人們也都一樣真誠，與他共享著這份真誠。

在搜尋相關資料的時候，也經常有這樣的印象。專訪、演說紀錄、座談會、評論、評傳，以及他自己的著作，全都表現出穆勒－布洛克曼對自己、對他人、對社會、設計、造型藝術，對自己所涉及的一切，都抱持真誠的態度。

沒多久，我就發現這才是最重要的關鍵。他的人生，對設計抱持一貫的真誠與投入，支撐著設計的價值，是透過設計來自我實現的活範本。這樣的一貫性，把穆勒－布洛克曼的生命昇華成一門美學。如果說穆勒－布洛克曼所追求的設計師樣貌就包含在《平面設計中的網格系統》這本著作之中，那這本書也可說是一本美學之書了。如此一來，網格系統的美學就不僅限於設計，而是能擴展連結到人生的美妙，甚至是人與人、人與社會之間所能建立起的關係的美妙──距離上次造訪蘇黎世至今的四年間，希望出版這本自傳的吉田先生與我做了許多討論。在這過程中，彼此逐漸強化對穆勒－布洛克曼一開始近乎直覺的理解，最終成為了確信。最後終於決定在自傳後面加上解說，並決定以做為生存之寄託的「美學」為主題。

說點私事吧。我從訪問吉川女士那年的 4 月起，開始擔任多摩美術大學的平面設計系教師，每天透過實作科目、理論科目與學生互動。造訪穆勒－吉川府的時候，是我第一次以教師身分迎接的夏天。

無論學生們是否認真，是否有自信，甚至有沒有出席，這些表面上的態度都不重要，他們都在盡力掌握自己的天賦與發展性。

仔細觀察，甚至會感覺他們的人生每個月都在改變。學生的生活密度高得令我吃驚，同時也讓我反省自己又是如何，自己也是這樣嗎？

開始每天接觸學生之後，我也開始仔細閱讀自傳的譯稿，以出版為目標來思考解說的內容與架構。這兩者之間的連結感覺是種必然的發展。

我們都希望設計要有價值，配得上花費掉的龐大時間與勞力。而學生能否把設計與自我做連結，關鍵就在於能否在設計中發掘出足夠的價值。

雖然找出設計的價值，終究是當事人自己的問題，但若把決定權都丟給當事人，學校教育的意義就減半了。對我來說，我面臨到的問題是，理論科目上，要如何盡量讓更多人明白設計的美妙之處；實作科目上，則是能提供多少機會，讓學生把設計與自我做連結。對我來說，本自傳所描述的穆勒－布洛克曼，正是絕佳的範例與樣本。

在藝術大學裡，「答對」這個概念並沒有什麼意義。學生們透過老師提出的課題，思考自己是什麼人，自己的天賦與發展性在哪裡。而在判斷學生交出的作品是否「答對」，前提是這項課題要與學生產生關係。也就是說，「答對」的判斷標準本來就是不一定的。

然而，作品不會說謊。如果學生以破釜沉舟的心態去鑽研課題，我當然會想由衷鼓勵；就算絕大多數做出來的作品都不算精良，還是能打動人心。我想，這就是造形藝術美妙的地方。

慢慢地，我看到這樣認真的學生，就好像看見了穆勒－布洛克曼。

穆勒－布洛克曼被尊為設計史上的巨匠之一，拿他與學生相比可能是種不敬，然而訪問過吉川靜子女士、拉爾斯・穆勒先生、村瀨庸子女士、熊野剛雄先生等人，或是檢視

探索了他留下的相關資料，我感受到的就是這樣的真誠。

最重要的是，穆勒－布洛克曼在自傳中就是這樣的人。他國中畢業之後不斷轉行，十八歲不得不自立自強，然後追求更好的教育。當時他固然尚未有成就，卻不斷探究自己的天賦，他終生不變的真誠那時已經表露無遺。將這個姿態與學生重疊在一起，應該毫無不妥吧。

當我這麼想的時候——當我在學生的真誠背後隱約看見穆勒－布洛克曼的時候，其實那條通往設計價值與自我實現的路已經打開了吧。這麼說來，盡全力把穆勒－布洛克曼的真誠表達給讀者，就是出版這本自傳最重要的課題了。

如果可以達成這項課題，眾人必定能夠從一個不同的觀點去看待穆勒－布洛克曼的設計，把這種客觀、理智，甚至被當成冷淡的表現手法，看成有溫度、真誠鑽研的結果。而且不限於穆勒－布洛克曼，其他瑞士派、現代主義者的設計，或者引用現代網格系統的設計，或許都會獲得重新檢視，讓人注意到理念與表現手法的關聯。

也由於在這股意念萌發的同時，我也一面準備出版工作，因此這項工作關注的不僅是設計好壞，更是一種問題意識，探討設計的價值何在、設計對我們來說又是什麼。

這也讓我進一步思考到了人生、造形藝術與歷史的意義。我也想，如果不這麼思考就沒意義了。——這真是一項大工程，必須整體性地重新思考自己的歷史觀、對設計的知識、思維等所有事物。當時，每天都感覺到自己真是無能又無力。稿子沒什麼進展，認為自己扛不起這個重擔，甚至多次企圖逃跑，又被吉田先生給逮了回來。即使如此，我還是把任務完成了。我想是因為自己有了個念頭，如果不完成這件事，我就無法繼續前進。如今，為出版本書所做的一切努力，似乎構成了一條通往「本質」的道路，我希望是如此。

無論如何，這本書將會被如何閱讀理解，接下來全是讀者的事了。對我來說，我只希望這本書能夠從歷史中喚醒一位有血有肉的設計師，並希望他的姿態成為一個契機，重新刺激讀者在各自的道路上往前邁進。

最後我要向以下各位表達最大的謝意。負責本書企畫構成的編輯吉田知哉先生，同時也一路陪伴、為我打氣鼓勵，一起思考這份工作的目標，見證一切經過，有時嚴厲，有時與我討論網格系統與其美學，不斷給予指導；有著冷靜的眼光、協助編輯與排版的長田年伸先生；以穆勒－布洛克曼夫妻的朋友，也是自傳的翻譯者受訪的村瀨庸子女士；以朋友身分受訪的熊野剛雄先生；原文版發行人、編輯製作者拉爾斯・穆勒先生；提議發行日文版自傳，以妻子、藝術家及一個人的身分來談穆勒－布洛克曼的吉川靜子女士；最後，也是最重要的，「追求設計是件成為值得賭上人生的行為」，透過他的言語與作品告訴了我們的約瑟夫・穆勒克曼先生，我想在這裡再次致上最深的謝意。

穆勒－布洛克曼如果在世，今年也要一百零四歲了。想必他的美學將會繼續傳承給後人，永垂不朽。

2018 年 5 月 監譯・解說者
佐賀一郎

日文版工作人員

書評・解說・日文版設計	佐賀 一郎
翻譯	村瀨庸子
編輯	吉田知哉

協力	吉川 静子
	拉爾斯・穆勒 (Lars Müller)
	熊野 剛雄
	森 啓
	倉嶌 隆広
	竹尾海報典藏共同研究會
	株式會社竹尾
	多摩美術大學
	蘇黎世設計美術館
	日本瑞士大使館
	Concent, Inc.

編集・排版協力	長田 年伸
封面攝影	寺林 真代

ISBN：978-626-315-053-9　　FZ2008C
版權所有・翻印必究 (Printed in Taiwan)
售價：850元 (本書如有缺頁、破損、倒裝，請寄回更換)

我的人生

玩得認真，認真地玩 —— 網格系統之父約瑟夫・穆勒－布洛克曼

Mein Leben: Spielerischer Ernst und ernsthaftes Spiel

2022 年 5 月　一版一刷

作者	約瑟夫・穆勒－布洛克曼〔Josef Müller-Brockmann〕
翻譯	李漢庭
選書・繁中版設計執行	葉忠宜 ＝ 卵形〔oval-graphic〕
責任編輯	謝至平
行銷業務	陳彩玉
	楊凱雯
	陳紫晴
	葉晉源
發行人	涂玉雲
出版	臉譜出版

發行　　　　　英屬蓋曼群島商家庭傳媒股份有限公司城邦分公司
　　　　　　　台北市中山區民生東路二段 141 號 11 樓
　　　　　　　客服專線：02-25007718；25007719
　　　　　　　24 小時傳真專線：02-25001990；25001991
　　　　　　　服務時間：週一至週五上午 09:30–12:00；下午 13:30–17:00
　　　　　　　劃撥帳號：19863813 戶名：書虫股份有限公司
　　　　　　　讀者服務信箱：service@readingclub.com.tw
　　　　　　　城邦網址：http://www.cite.com.tw

香港發行所　　城邦（香港）出版集團有限公司
　　　　　　　香港灣仔駱克道 193 號東超商業中心 1 樓
　　　　　　　電話：852-25086231　傳真：852-25789337

新馬發行所　　城邦（新、馬）出版集團
　　　　　　　Cite（M）Sdn. Bhd.（458372U）
　　　　　　　41-3, Jalan Radin Anum, Bandar Baru Sri Petaling,
　　　　　　　57000 Kuala Lumpur, Malaysia.
　　　　　　　電話：+6(03)-90563833　傳真：+6(03)-90576622
　　　　　　　電子信箱：services@cite.my

國家圖書館出版品預行編目

Cataloging in Publication, CIP

我的人生：玩得認真，認真地玩——網格系統之父約瑟夫·穆勒－布洛克曼

約瑟夫·穆勒－布洛克曼（Josef Müller-Brockmann）著

李漢庭　譯

—初版—臺北市：臉譜出版：

英屬蓋曼群島商家庭傳媒股份有限公司城邦分公司發行，2022. 05

264 面；15.5 x 22.4 公分（Zeitgeist 時代精神；FZ2008C）

譯自：Mein Leben : spielerischer Ernst und ernsthaftes Spiel

ISBN 978-626-315-053-9（精裝）

1. 穆勒－布洛克曼 (Müller-Brockmann, Josef, 1914–1996)

2. 學術思想　3. 平面設計　4. 傳記

784.488　　110019831